中国自主知识体系研究文库

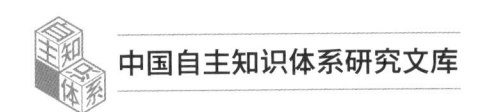

社会学对象问题新探

郑杭生 著

中国人民大学出版社
·北京·

"中国自主知识体系研究文库"编委会

编委会主任

张东刚　林尚立

编委（按姓氏笔画排序）

王　轶	王化成	王利明	冯仕政	刘　伟	刘　俏	孙正聿
严金明	李　扬	李永强	李培林	杨凤城	杨光斌	杨慧林
吴晓求	应　星	陈　劲	陈力丹	陈兴良	陈振明	林毅夫
易靖韬	周　勇	赵世瑜	赵汀阳	赵振华	赵曙明	胡正荣
徐　勇	黄兴涛	韩庆祥	谢富胜	臧峰宇	谭跃进	薛　澜
魏　江						

总　序

张东刚

2022年4月25日，习近平总书记在中国人民大学考察调研时指出，"加快构建中国特色哲学社会科学，归根结底是建构中国自主的知识体系"。2024年全国教育大会对以党的创新理论引领哲学社会科学知识创新、理论创新、方法创新提出明确要求。《教育强国建设规划纲要（2024—2035年）》将"构建中国哲学社会科学自主知识体系"作为增强高等教育综合实力的战略引领力量，要求"聚焦中国式现代化建设重大理论和实践问题，以党的创新理论引领哲学社会科学知识创新、理论创新、方法创新，构建以各学科标识性概念、原创性理论为主干的自主知识体系"。这是以习近平同志为核心的党中央站在统筹中华民族伟大复兴战略全局和世界百年未有之大变局的高度，对推动我国哲学社会科学高质量发展、使中国特色哲学社会科学真正屹立于世界学术之林作出的科学判断和战略部署，为建构中国自主的知识体系指明了前进方向、明确了科学路径。

建构中国自主的知识体系，是习近平总书记关于加快构建中国特色哲学社会科学重要论述的核心内容；是中国特色社会主义进入新时代，更好回答中国之问、世界之问、人民之问、时代之问，服务以中国式现代化全面推进中华民族伟大复兴的应有之义；是深入贯彻落实习近平文化思想，推动中华文明创造性转化、创新性发展，坚定不移走中国特色社会主义道路，续写马克思主义中国化时代化新篇章的必由之路；是为解决人类面临的共同问题提供更多更好的中国智慧、中国方案、中国力量，为人类和平与发展崇高事业作出新的更大贡献的应尽之责。

一、文库的缘起

作为中国共产党创办的第一所新型正规大学，中国人民大学始终秉持着强烈的使命感和历史主动精神，深入践行习近平总书记来校考察调研时重要讲话精神和关于哲学社会科学的重要论述精神，深刻把握中国自主知识体系的科学内涵与民族性、原创性、学理性，持续强化思想引领、文化滋养、现实支撑和传播推广，努力当好构建中国特色哲学社会科学的引领者、排头兵、先锋队。

我们充分发挥在人文社会科学领域"独树一帜"的特色优势，围绕建构中国自主的知识体系进行系统性谋划、首创性改革、引领性探索，将"习近平新时代中国特色社会主义思想研究工程"作为"一号工程"，整体实施"哲学社会科学自主知识体系创新工程"；启动"文明史研究工程"，率先建设文明学一级学科，发起成立哲学、法学、经济学、新闻传播学等11个自主知识体系学科联盟，编写"中国系列"教材、学科手册、学科史丛书；建设中国特色哲学社会科学自主知识体系数字创新平台"学术世界"；联合60家成员单位组建"建构中国自主的知识体系大学联盟"，确立成果发布机制，定期组织成果发布会，发布了一大批重大成果和精品力作，展现了中国哲学社会科学自主知识体系的前沿探索，彰显着广大哲学社会科学工作者的信念追求和主动作为。

为进一步引领学界对建构中国自主的知识体系展开更深入的原创性研究，中国人民大学策划出版"中国自主知识体系研究文库"，矢志打造一套能够全方位展现中国自主知识体系建设成就的扛鼎之作，为我国哲学社会科学发展贡献标志性成果，助力中国特色哲学社会科学在世界学术之林傲然屹立。我们广泛动员校内各学科研究力量，同时积极与校外科研机构、高校及行业专家紧密协作，开展大规模的选题征集与研究激励活动，力求全面涵盖经济、政治、文化、社会、生态文明等各个关键领域，深度挖掘中国特色社会主义建设生动实践中的宝贵经验与理论创新成果。为了保证文库的质量，我们邀请来自全国哲学社会科学"五路大军"的知名专家学者组成编委会，负责选题征集、推荐和评审等工作。我们组织了专项工作团队，精心策划、深入研讨，从宏观架构到微观细节，全方位规划文库的建设蓝图。

二、文库的定位与特色

中国自主的知识体系，特色在"中国"、核心在"自主"、基础在"知识"、关键在"体系"。"中国"意味着以中国为观照，以时代为观照，把中国文化、中国实践、中国问题作为出发点和落脚点。"自主"意味着以我为主、独立自主，坚持认知上的独立性、自觉性，观点上的主体性、创新性，以独立的研究路径和自主的学术精神适应时代要求。"知识"意味着创造"新知"，形成概念性、原创性的理论成果、思想成果、方法成果。"体系"意味着明确总问题、知识核心范畴、基础方法范式和基本逻辑框架，架构涵盖各学科各领域、包含全要素的理论体系。

文库旨在汇聚一流学者的智慧和力量，全面、深入、系统地研究相关理论与实践问题，为建构和发展中国自主的知识体系提供坚实的理论支撑，为政策制定者提供科学的决策依据，为广大读者提供权威的知识读本，推动中国自主的知识体系在社会各界的广泛传播与应用。我们秉持严谨、创新、务实的学术态度，系统梳理中国自主知识体系探索发展过程中已出版和建设中的代表性、标志性成果，其中既有学科发展不可或缺的奠基之作，又有建构自主知识体系探索过程中的优秀成果，也有发展创新阶段的最新成果，力求全面展示中国自主的知识体系的建设之路和累累硕果。文库具有以下几个鲜明特点。

一是知识性与体系性的统一。文库打破学科界限，整合了哲学、法学、历史学、经济学、社会学、新闻传播学、管理学等多学科领域知识，构建层次分明、逻辑严密的立体化知识架构，以学科体系、学术体系、话语体系建设为目标，以建构中国自主的知识体系为价值追求，实现中国自主的知识体系与"三大体系"有机统一、协同发展。

二是理论性与实践性的统一。文库立足中国式现代化的生动实践和中华民族伟大复兴之梦想，把马克思主义基本原理同中国具体实际相结合，提供中国方案、创新中国理论。在学术研究上独树一帜，既注重深耕理论研究，全力构建坚实稳固、逻辑严谨的知识体系大厦，又紧密围绕建构中国自主知识体系实践中的热点、难点与痛点问题精准发力，为解决中国现实问题和人类共同问题提供有力的思维工具与行动方案，彰显知识体系的实践生命力与应用价值。

三是继承性与发展性的统一。继承性是建构中国自主的知识体系的源头活水，发展性是建构中国自主的知识体系的不竭动力。建构中国自主的知识体系是一个不断创新发展的过程。文库坚持植根于中华优秀传统文化以及学科发展的历史传承，系统梳理中国自主知识体系探索发展过程中不可绕过的代表性成果；同时始终秉持与时俱进的创新精神，保持对学术前沿的精准洞察与引领态势，密切关注国内外中国自主知识体系领域的最新研究动向与实践前沿进展，呈现最前沿、最具时效性的研究成果。

我们希望，通过整合资源、整体规划、持续出版，打破学科壁垒，汇聚多领域、多学科的研究成果，构建一个全面且富有层次的学科体系，不断更新和丰富知识体系的内容，把文库建成中国自主知识体系研究优质成果集大成的重要出版工程。

三、文库的责任与使命

立时代之潮头、通古今之变化、发思想之先声。建构中国自主的知识体系的过程，其本质是以党的创新理论为引领，对中国现代性精髓的揭示，对中国式现代化发展道路的阐释，对人类文明新形态的表征，这必然是对西方现代性的批判继承和超越,也是对西方知识体系的批判继承和超越。

文库建设以党的创新理论为指导,牢牢把握习近平新时代中国特色社会主义思想在建构自主知识体系中的核心地位;持续推动马克思主义基本原理同中国具体实际、同中华优秀传统文化相结合,牢牢把握中华优秀传统文化在建构自主知识体系中的源头地位;以中国为观照、以时代为观照,立足中国实际解决中国问题,牢牢把握中国式现代化理论和实践在建构自主知识体系中的支撑地位;胸怀中华民族伟大复兴的战略全局和世界百年未有之大变局,牢牢把握传播能力建设在建构自主知识体系中的关键地位。将中国文化、中国实践、中国问题作为出发点和落脚点,提炼出具有中国特色、世界影响的标识性学术概念,系统梳理各学科知识脉络与逻辑关联,探究中国式现代化的生成逻辑、科学内涵和现实路径,广泛开展更具学理性、包容性的和平叙事、发展叙事、文化叙事,不断完善中国自主知识体系的整体理论架构,将制度优势、发展优势、文化优势转化为理论优势、学术优势和话语优势,不断开辟新时代中国特色哲学社会科学新境界。

中国自主知识体系的建构之路,宛如波澜壮阔、永无止境的学术长征,需要汇聚各界各方的智慧与力量,持之以恒、砥砺奋进。我们衷心期待,未来有更多优质院校、研究机构、出版单位和优秀学者积极参与,加入到文库建设中来。让我们共同努力,不断推出更多具有创新性、引领性的高水平研究成果,把文库建设成为中国自主知识体系研究的标志性工程,推动中国特色哲学社会科学高质量发展,为全面建设社会主义现代化国家贡献知识成果,为全人类文明进步贡献中国理论和中国智慧。

是为序。

前　言

这本专著性的小书，由四个部分和一个结论构成。

首先，作者根据社会运行和发展的三种类型（良性运行和协调发展、中性运行和模糊发展、恶性运行和畸形发展），提出了一种关于社会学对象问题的新的看法：社会学是关于社会良性运行和协调发展的条件和机制的综合性具体科学，或者简要地说，是关于社会良性运行的规律性的综合性具体科学。这便是本书第一部分"社会学的独特对象和社会运行的类型"的主要内容。在这一部分的开头，作者还根据我国社会学重建的现状，提出了在理论研究和经验研究并重和相互促进的前提下，加强社会学基本理论研究的必要性，提出了社会学面临的三大困难以及这些困难与对象问题的联系。

在第二、三、四部分，作者分别从理论、实践和历史三个方面，对上述新的看法作了较为详细的论证。这三方面的论证，正与社会学面临的三大困难相对应；它们构成本书的基干部分。在这些论证中，作者围绕对象问题，对一系列社会学基本理论问题斗胆地表明了自己的观点，其中包括：社会学对象跟社会学其他内容（人的社会化、社会角色、社会互动、基本群体、社会组织、社会流动、社会制度、社区、社会变迁、社会问题、偏离行为、社会控制、社会学调查研究方法、社会指标及其体系等）的关系；社会学与其他社会科学（哲学科学、单科性科学、其他综合性科学、科学社会主义、社会文化人类学等）的关系；社会学与系统论的关系；社会学与我国改革的关系；社会学为我国社会主义实践服务的主要途径；西方社会学作为维护型社会学的实质；马克思主义社会学的两种形态——革命批判性形态和维护建设性形态；社会主义社会学的含义；苏联社会学的历程、特点和存在的问题；马克思主义社会学与西方社会学的关系；实事求是地具体分析地看待西方社会学的必要性；社会学两大分支在旧中国的特殊性以及它们在新中国"转型"的重要性；等等。

在结论中，作者根据以上论述，提出了关于建设具有中国特色的马克思主义社会学的一些设想。

上述这些看法不很成熟，甚至很不成熟，许多论述不很充分，甚至很不充分。作者之所以不避丑陋，把它贡献给读者，一则是因为我国至今还没有一本专门论述社会学对象问题的著作，总得有人尽早开个头；二则，更重要的是要抛砖引玉，引起和促进讨论。经验表明，要引起和促进讨论，有个"靶子"会容易得多。本书愿意充当这样的"靶子"，欢迎各方面的批评意见。本书作者并不把自己的观点看作固定的，将按照"坚持真理，修正错误"的原则，保留修改自己看法的权利。另一方面，本书在论述自己的观点时，自然会涉及各种不同的意见。本书作者对各种不同观点都怀有敬意，因为它们都对学术发展作出过自己的贡献。正确的观点不用说，即使被证明是错误的意见也是这样，它表明此路不通，避免无谓的劳动。在学术问题上，绝不能以"成则为王，败则为寇"行事。当本书观点被证明是错误时，它也希望受到这样的对待。总之，本书与其说是解决问题，还不如说是进一步提出问题。

本书作者

目 录

一、社会学的独特对象和社会运行的类型 /001
    （一）社会学对象问题的重要性 /001
    （二）揭示社会学独特对象的途径 /013
    （三）社会学是关于社会良性运行和协调发展的条件和机制的综合性具体科学 /016
    （四）社会运行和发展真有不同的基本类型吗？ /021
    （五）区分社会运行类型的主要原则及其应用 /024

二、社会学对象的理论方面 /044
    （一）贯通社会学历史地形成的内容的一根主线 /044
    （二）明确社会学在社会科学中地位的一个关键 /081
    （三）理解社会学与各分科社会学关系的一把钥匙 /089
    （四）沟通社会学与"三论"关系的一条纽带 /089

三、社会学对象的实践方面 /113
    （一）我国社会主义实践提出的迫切问题 /113
    （二）社会学与改革 /122
    （三）社会学为社会主义实践服务的主要途径 /140

四、社会学对象的历史方面 /143
    （一）西方社会学的实质 /144

（二）马克思主义社会学的两种形态 /154

（三）作为马克思主义社会学维护建设性形态的苏联社会学 /163

（四）马克思主义社会学与西方社会学 /178

（五）社会学两大分支在旧中国的特殊性 /185

结论：为建立具有中国特色的马克思主义社会学而努力 /206

后　记 /209

一、社会学的独特对象和社会运行的类型

（一）社会学对象问题的重要性

1. 我国社会学现状简述

　　社会学自 19 世纪三四十年代诞生以来，已有一个半世纪的历史。在这期间，社会学的对象经历了一个从不明确到逐步明确、从笼统到较为具体的过程。与此相应，社会学的性质也经历了一个从一般的社会哲学到专门的具体社会科学演变的过程。现在，社会学终于在全球范围内成为一门包含众多分科、举世公认的学科。

　　在社会主义的新中国，社会学经过 27 年（1952—1979）的中断之后，终于迎来了重建和获得前所未有发展的春天。1979 年 3 月 30 日，邓小平同志提出社会学和其他社会科学一样"要赶快补课"，他说："政治学、法学、社会学以及世界政治的研究，我们过去多年忽视了，现在也需要赶快补课。"[①] 在此稍前，3 月 16 日，在党中央的关怀下，胡乔木同志邀请老

[①] 《邓小平文选》，人民出版社 1983 年版第 167 页。

一辈社会学家费孝通、雷洁琼等，在北京召开社会学座谈会，正式为社会学恢复名誉。他在讲话中指出，否认社会学是一门科学，并且用一种非常粗暴的方法来禁止这门科学在中国存在、发展、传授，这是完全错误的。他着重论述了历史唯物主义与社会学的关系：历史唯物主义的对象不等于整个社会科学的对象，也不等于社会学的对象。有了历史唯物主义，不等于社会学的问题就解决了。因此，研究历史唯物主义同研究社会学，这中间是不能划等号的。最后，他强调提出了组织社会学队伍，使社会学后继有人的问题：在有条件的大学设立社会学系、社会学研究所，办社会学的研究生班；赞成成立全国社会学研究会；在中国社会科学院办社会学研究所；号召老一辈社会学家在身体条件允许的情况下带研究生等。十分清楚，这些问题都是在中国重建社会学的关键问题。具体受命负责社会学重建工作的费孝通教授，他是1979年3月成立的中国社会学研究会（1982年改名为中国社会学会）的会长，是1980年1月成立的中国社会科学院社会学研究所的第一任所长。费老为重建社会学做了巨大的工作。

从那时以来，短短7年，经过老一辈社会学家和中青年一代社会学工作者的共同努力，社会学的重建工作取得了很大成绩[1]；社会学在中国大地上呈现一片兴旺发达、生机勃勃的景象；社会学的进一步发展有了可靠的基础和良好的环境。我们看到，全国已有了一支约1 000人、相当精干的社会学教学与科研队伍；上海大学文学院（其前身为复旦大学分校）、中山大学、南开大学、北京大学均已先后建立了社会学系，现有在校本科生和研究生约250人；中国人民大学于1984年成立社会学研究所之后，现正积极筹建社会学系，此外还有山东大学、武汉大学等六七个院校也正

---

[1] 可参见下列文章：王康：《社会学在中国的兴旺》，载《人民日报》（海外版）1986年3月5日；王育民：《重建中的中国社会学》，载《人民日报》1986年3月14日；赵子祥：《中国社会学的重建掠影》，载《社会学研究》1986年第1期。

在积极筹建社会学系；除了正规教育，社会学的业余教育也得到了发展，由中国社会科学院社会学所等5个单位联合创办的"中国社会学函授大学"，现有遍布全国的25 000多名学员；截至1985年10月，据不完全统计，北京、上海、天津、内蒙古、广东、贵州、四川、新疆、山西、陕西、湖南、湖北、河南、吉林、黑龙江、甘肃、安徽、辽宁等21个省、市、自治区，先后成立了社会学研究所或社会学会。我们可以自豪地说，社会学重建以来7年的发展，从学会组织的规模、研究机构的数量、教学科研人员的素质和人数、社会学普及的程度等方面来看，都超过了旧中国50年的发展。现在，社会学专业成了报考人数最多的专业之一；社会学课程成了最受学生欢迎的一门课程；社会学书籍跻身于最畅销的书籍的行列；社会学人才表明自己是社会各部门急需而又短缺的人才。一句话，社会学越来越成为有吸引力的"热门"学科。所有这些说明，社会学发展的势头很好。它的重要性正为越来越多的人所认识。这个情况与苏联30年代到50年代、与我国50年代到70年代不准谈论社会学或认为社会学是"资产阶级伪科学"的情况是根本不同了。社会学的好形势来之不易。没有党的十一届三中全会恢复和发扬实事求是的思想路线，这一切都是不可能的。

但是另一方面，社会学又是一门充满不确定性的学科。可以说，在社会科学中，还没有那一门学科象社会学那样充满争议、充满困难，也没有那一门学科象社会学那样容易引起误解、容易被庸俗化。在社会学对象问题、特别是马克思主义社会学对象问题上的众说纷纭和莫衷一是，十分典型地表明了它的争议性。无论在理论方面、实践方面、历史方面，社会学都面临必须认真加以对待的困难。长期以来把社会学当作资产阶级的专有品、垄断品，是它被误解中的最大的误解。至于社会学被庸俗化的例子更是举不胜举。例如，什么问题似乎都可以贴上社会学的标签；什么人也似乎都可以自称为社会学家；好象别的学科搞不了的，唯独有资格搞社会学；如此等等。这样看来，人们对社会学存在一些疑问，甚至怀疑它究竟是不是一门科学，也是可以理解的。这又说明，社会学这门学科还很不成熟，还有许多基础性的工作要做，也就是说，大有可为。

当前，我国社会学正是处在这样一种既热门又充满争议、既有吸引力又没有令人信服的理论根据的状况之中。在这种自相矛盾的状况下，用马克思主义的立场、观点、方法，从我国社会的实际出发来研究社会学对象等基本问题，以便逐步建立起坚实的社会学基本理论，就显得更为重要和迫切。

2. 进行社会学基本理论研究的迫切性

第一，有没有坚实的社会学基本理论，关系到社会学作为一门有吸引力的、热门的学科能否持久的问题，也关系到社会学能否真正在我国站住脚的问题。如果社会学老是说不清自己的对象，若是没有令人信服的理论根据，那么人们就会由对社会学寄以期望转变为失望，而且期望愈高，失望愈甚。一门学科，对自己存在的根据缺乏科学的论证，只知然，不知所以然，甚至不能自圆其说，很难说得上是科学。一门学科要真正站住脚，实践证明和科学论证二者缺一不可。人们常常问：社会学作为学科为什么会在1952年被取消？而为什么哲学、历史学、经济学等却没有被取消呢？毫无疑问，原因是多方面的，除了有历史的原因（在旧中国受西方影响的学院派社会学与马克思主义派关于改良与革命的长期论争）、认识的原因（误认为历史唯物主义能够代替社会学）、外来的原因（苏联取消社会学的做法的影响）之外，还有一个理论上的原因：社会学自己说不清自己；它的对象和在社会科学中的地位均模糊不清。这样，它就失去了防卫自己的理论武器，只能处在挨打的地位。与此不同，哲学、历史学则均能明确说明自己的对象和学科地位。这至少能部分说明它们为什么没有象社会学那样被取消。这里，我丝毫没有为当时粗暴取消社会学这一错误做法辩护的意思。我的用意是，对这一惨痛的经历，我们除了从客观上、从社会学外部去寻找原因、总结经验教训之外，也应从主观上、从社会学内部寻找原因、总结经验教训，从而提高对社会学基本理论研究重要性的认识，加强这方面的工作，克服这方面的弱点。

第二，有没有坚实的社会学基本理论，关系到社会学重建的第二阶段能否顺利进行。费老1985年底在广州的一次会议上曾经指出："自从1979年重建社会学以来已经有6个年头了。目前，初建的第一阶段可告结束，我国社会学开始进入了第二个阶段。形象地说，就是戏台已经搭好，班子已初步组成，现在是要演员们把戏唱好了。"[1] 上面已经指出，我国社会学在重建的第一阶段取得了很大成绩，但毋庸讳言，也存在一些不足。其中之一，就是对社会学基本理论研究得不够。有些同志甚至还呼吁：不要再在定义、对象等问题上纠缠不休，先把各种实际研究开展起来再说。但是这类呼吁并没有起多少作用，原因很简单，正如有的同志指出的："随着埋头介绍、引进、调查、著述的第一阵热浪过去之后，不少人抬起头来环顾四周、瞻望前方，竟又有些疑惑起来，总感到自己的地位不伦不类、方向有些不明不白。于是，关于社会学对象、范围的讨论又逐渐热闹起来了。"[2] 我们认为，加强社会学基本理论的研究，应该是社会学重建第二阶段的重要内容之一。如果对社会学的对象等基本理论问题没有一个较清楚的认识，演员们要把戏真正唱好，恐怕是十分困难的。

第三，有没有坚实的社会学基本理论，关系到能否从根本上防止社会

---

[1] 费孝通：《重建社会学的又一阶段》，载《光明日报》1986年3月26日。
[2] 陈烽：《社会学——对社会作整体性研究的科学》，载《社会学研究》1986年第1期。

学被庸俗化的问题，也关系到经验研究或应用研究能否顺利进行的问题。庸俗化说到底是不把社会学当作科学，庸俗化必然要败坏社会学的声誉。产生庸俗化的原因，一方面固然要到某些自觉不自觉地搞了庸俗化的同志身上去找，另一方面也不能说同社会学本身的状况没有关系。既然社会学说不清、道不明自己究竟是什么，也划不清什么是社会学研究和不是社会学研究的界线，人们就难免认为什么问题都可以贴上社会学的标签，谁都有资格自称为社会学家。同样，社会学的经验研究之所以与其他经验研究不同，是因为受到社会学基本理论的指导。没有社会学基本理论指导的经验研究，既难以顺利进行，又容易产生庸俗化。

第四，有没有坚实的社会学基本理论，关系到能不能真正从根本上避免"学术殖民主义"的问题。没有自己的社会学理论，就无法对西方社会学理论正确地进行取舍，因而往往就会生吞活剥西方社会学的理论。在这种情况下，所谓社会学中国化，不过是用中国的材料来为西方的理论作注脚。台湾有的社会学者已明确指出这种西方理论中国材料的研究是"学术殖民主义"[①] 的表现，因此目前在台湾、香港地区掀起的社会学中国化热潮，有别于30年代旧中国社会学界的中国化运动，其最显著的特点是追求理论的中国化而不仅满足于题材的中国化。台湾一学者曾提出"惟有对西方社会学的理论体系从事根本的检讨，才可以使中国社会学摆脱移植和加工的性格，才可以超越实用和实证方法的窠臼。"[②] 尽管我们与台湾学者在"理论中国化"的理解上有原则区别，但他们提出"理论中国化"，避免"学术殖民主义"则是有见地的。我们有马克思主义的观点作指导，理应在社会学理论中国化方面做得更好。而这是离不开在实践基础上，加

[①] 萧新煌：《社会学中国化的结构问题》、金耀基：《社会学的中国化》，载《社会及行为科学研究的中国化》台北南港1982年版第86、92页。

[②] 叶启政：《从中国社会学既有性格论社会学研究中国化的方向问题》，载《社会及行为科学研究的中国化》台北南港1982年版第144页。

强对社会学的基本理论的研究的。

总之,我们认为,当前在重视各种具体的经验的调查研究的同时,也要重视根本性的理论研究。对社会学来说,经验的研究和理论的研究二者不能偏废,更不能用前者来否定后者或用后者来否定前者,而应该使二者结合起来、相互促进,否则就会不利于社会学健康地、富有成果地得到发展。

社会学的对象问题特别是马克思主义社会学的对象问题,是一个十分复杂的问题,不能不涉及许多重大的理论问题和实际问题。我们愿意不避浅陋,对这些问题提出一些不成熟的看法,目的是交换意见、引起讨论、抛砖引玉,以便群策群力为完成我们的共同任务——创立具有中国特色的马克思主义社会学——而努力。

3. 从社会学面临的困难看对象问题的重要性

那么具体说来,社会学究竟面临着那些困难呢?而这些困难与社会学的对象问题又有什么联系呢?

我们认为,社会学目前在理论、实践和历史三个方面都面临着困难:就理论方面说,它存在一系列急待解决的难题;就实践方面说,它还没有明确为社会主义现代化建设服务的角度,没有明确社会学与社会主义实践之间的结合点;就历史方面说,它不能有说服力地解释社会学的两大分支——从孔德开始的西方社会学传统和从马克思开始的马克思主义社会学传统的历史发展。我们思考社会学对象问题,特别是马克思主义社会学对象问题的出发点,就是为了更好地解决这三个方面的问题;而要真正解决这三方面的问题,则又是以正确地解决对象问题为前提和先决条件的。让我们依次简略地看看这三方面问题。

(1) 社会学存在的一系列理论困难

第一，说不清社会学的对象，说不清什么是社会学。现在，我们可以找出五花八门的社会学的定义来，其数量之多，为其他学科所望尘莫及，而且这个数量还在不断增加。但这些为数众多的定义，归结起来，大致可以分为六种类型，也即是给社会学下定义的六条路子：A. 说社会学是研究人类社会或研究社会整体的。这类说法的困难是过于笼统，不能与其他社会科学区分开来，因为一切社会科学都是研究社会的，问题在于社会学是从什么样特定的角度来研究社会或社会整体的。B. 说社会学是研究社会某个侧面或某个领域的。这一类定义最多，如说社会学是研究社群的，是研究社会制度的，是研究社会秩序和社会动乱的本质的，是研究社会关系的，是研究社会行为的，是研究社会矛盾的，是研究社会问题的，是研究社会过程的，是研究社会结构的，是研究社会现象的甚至是研究模糊的社会现象的，是研究生活方式的，是研究社会生活的等等。这种种说法的困难在于过于狭窄，以偏概全，不能充分体现社会学的精神。人们感觉每一种说法有一定的道理，因为它有部分的真理，但总觉得不全面，没有太大的说服力。C. 这一类说法实质上是前面三类说法的延伸，因为它把前面一类分别说的项目，或多或少地合在一块说。例如说社会学主要研究社会结构和社会过程，而在这样的研究中又强调研究人们的社会关系和社会行为。又如说，社会学通过人们的社会关系和社会行为来研究社会的结构、功能、发生、发展的规律。又如说社会主义社会学以社会主义社会的社会结构、社会过程及影响社会主义革命和建设的各种社会因素为其主要对象；或者说社会主义社会学研究社会主义社会的社会结构、社会关系、社会行为、社会生活及影响社会主义革命和社会主义建设的各种社会因素；等等。我们觉得这种种说法，似乎也没有说在点子上，仍然没有抓住对象问题的关键。而且用这样的方法，并不能穷尽社会学的对象，并不能使定义获得全面性。D. 说社会学是研究调查研究的，或者说，我们的社会学是马克思主义社会调查研究的学科化。社会调查研究确是社会学研究的重要手段。可是社会调查研究本身并不等于社会学；社会调查研究学科化的结果也是社会调查研究学，而不完全是社会学。E. 说社会学是一个科学群而不是一门科学。例如把社会学定义为以研究社会问题为中心的一个科学群。给作为一门科学的社会学下定义已是那样困难，要给作为一个科学群的社会学下定义，就更困难。事实上，社会学要成为一门独立的科学，必须明确自己的对象，以便使自己从科学群中分离出来。用科学群这样的概念给社会学下定义只会模糊社会学的对象，而不是使它更明确。F. 说社会学是一门"剩余社会科学"。这种看法，国外有人主张，国内也有人主张；在我国解放前有人主张，现在也有人主张。例如说社会学不应该和政治学、经济学、法学等学科抢生意。不过还有许多社会现象，这些学科是包含不了的；还有许多社会现象或者还没有很好研究或者没有成为科学。社会学就是要研究它们。这种"剩余社会科学"的观点，无异于承认社会学没有自己固有的对象。

第二，由于社会学自身的对象不明确，因而很难与其他学科划清界限。这包括：A. 不能说明社会学与哲学科学特别是历史唯物论的联系和区别。B. 不能说明社会学与其他具体的社会科学如政治学、经济学、教育学等的界限。C. 不能说明社会学与其他综合性的社会科学如历史学、管理学的界限。D. 不能说明社会学与科学社会主义的界限等等。

第三，由于社会学自身的对象不明确，也不能为其他分科社会学确切地提供社会学的角度。现在，象教育社会学、政治社会学、劳动社会学、医学社会学、环境社会学、犯罪社会学、科学社会学、知识社会学等等分科社会学多达70余种。由于没有社会学的角度，很难说清楚教育社会学与教育学以及社会学的区别和联系。

第四，由于社会学自身对象不明确，也不能为在社会学中应用系统论、信息论、控制论等提供确切的理论说明。

所有这一切说明，社会学在很大程度上还处在"然"而不知"所以然"的状况，它自身还没跳出经验探索的阶段，很难说已经形成了站得住脚的理论根据。在理论根据中最重要的是对象问题，因为它是一门学科的理论框架和一般问题。一门学科如果没有恰当的理论框架和不解决自己的一般问题，那么它在处理具体问题时，就会时时被迫回到这个一般问题。正如列宁指出的："如果不先解决一般的问题，就去着手解决个别的问题，那末，随时随地都必然会不自觉地'碰上'这些一般的问题。"[1] 社会学也不例外。例如，一种社会现象（如犯罪）往往是许多门社会科学研究的客体，那么社会学是从什么角度来研究犯罪这种社会现象，以别于犯罪学、犯罪心理学等角度呢？这就不能不回到什么是社会学或社会学的对象是什么的问题。因此，要使人们真正承认社会学是一门科学，要使社会学真正摆脱理论上不能自圆其说的不成熟状况，必须说清楚社会学的对象、社会学的角度。

（2）社会学还没有明确为社会主义现代化建设服务的角度，没有明确社会学和社会主义实践之间的结合点

谁都承认，任何一门社会科学都要直接间接地以不同的方式为我国伟大的社会主义实践服务。这一点对社会学来说，关系尤为密切。因为社会学是直接为社会主义实践服务的社会科学学科之一。

问题在于如何为社会主义实践服务。对此，现在也是众说纷纭。有的说，通过解决社会问题，通过研究现代化过程中出现的问题，通过进行社会预测。有的说，通过普及有关社会的基础知识，通过提供社会工作和行

---

[1] 《列宁全集》第12卷，人民出版社1959年版第476页。

政、企业管理所需的知识，通过现代化建设的规划、实施和检验，通过促进边缘学科的发展和多科性综合研究的进行。有的说，通过为党和政府、机关、工矿企业提供合理化建议，为其决策发挥咨询作用，通过在建设社会主义精神文明中发挥积极作用，通过充实和丰富历史唯物主义的一般原理，提高我们对人类社会发展规律的认识。还有的说，通过社会的调查研究，等等。所有这些说法都是不错的。共同的缺点是没有指出社会学为社会主义建设服务的角度，不能说明社会学跟社会主义实践之间的结合点，因而就不能体现出社会学为社会主义服务的本质特点和精神所在。

我们认为，社会学为社会主义实践服务，最主要的要向全社会提供一种社会学的角度。这种角度与每个人有关，因此人们再也不能以"我又不向政府提供咨询"等为借口而认为社会学与己无关。在我们看来，这种社会学角度，便是社会学与社会主义实践之间的结合点；帮助人们用社会学的角度看问题，是社会学为社会主义实践服务的最主要的途径。其他的服务方式如提供咨询等都要由这个社会学的角度来统帅。这正如马克思主义哲学帮助人们用正确的世界观和方法论看问题，是它为社会主义实践服务的最主要的途径一样。

要找出这样的结合点和角度，必须总结我国30多年来社会主义实践的经验和教训。建国以来，我们经历过好时候、不太好的时候和很坏的时候，也就是说，我国社会走过曲折的道路，有过良性运行、中性运行，也有过恶性运行，甚至到达了崩溃的边缘。这些经验教训能不能给我们一些启示呢？下面我们可以看到，它们是能够给我们有益的启示的。

我们认识到，要使人们真正承认社会学对社会主义实践的有益作用，必须通过解决社会学的对象问题，找到这样的结合点和角度。

（3）社会学不能有说服力地解释社会学两大分支的历史发展

我们知道，社会学存在着两大分支：从孔德开始的西方社会学和从马克思开始的马克思主义社会学。那么，这两种社会学的关系如何？它们对立的内容和形式又怎样？这种对立的内容和形式是否发生了变化？有没有马克思主义社会学？如果有，是不是从前是这样，现在还是这样？它是否有不同的形态？在一个国家的社会主义革命胜利前后，该国的马克思主义社会学是否有不同的形态和任务？马克思主义社会学如何对待西方社会学？等等。

所有这些问题，在社会学界同样是众说纷纭。而所有这些问题，归结起来，又是：社会学两大分支各自的对象是什么？它们存在和发展的理论根据是什么？因此，在社会学的对象问题得到解决之前，上述问题也没有希望得到根本解决。

由上可见，不论是解决社会学的理论困难、实践困难或历史困难，都离不开社会学的对象问题。特别是，不解决这个问题，也谈不上建立具有中国特色的马克思主义社会学。可见这个问题的重要。确实，无论从那方面看，社会学的对象问题，特别是马克思主义社会学的对象问题，现在比其他任何时候都尖锐地摆在我们面前；找各种借口回避这个问题也比其他任何时候都困难。因此我们不能同意这样一些意见：认为社会学对象反正争论不清，因此我搞我的调查；或认为反正社会学在迅速发展，对象问题关系不大；等等。当然，我们更不能同意这样的意见：认为对象问题是"大而玄"的问题。说对象问题是大问题即基本问题是对的，可是一点不玄，用"大而玄"来否定研究对象问题等基本理论问题，不能不说有某种狭隘经验论的色彩。这些意见的共同点是都把基本理论研究同经验研究程度不同地对立起来、割裂开来，认为对象问题不是当务之急的一个问题。实际上，哲学社会科学发展的历史表明，任何一门学科的成熟，都是以对对象、学科地位等基本理论问题的相对明确的认识为必要条件的。社会学也不能例外。只要不把基本理论研究与经验研究对立起来，讨论社会学对象、地位等基本理论问题，不但不会妨碍经验研究，相反会促进经验研究沿着正确的方向前进，对经验研究起重要的指导作用。

解决社会学的对象问题特别是马克思主义社会学的对象问题，是迫切的，那么有没有可能呢？我们认为现在具备了解决这个问题极为有利的条件。第一，我们有100多年社会学发展的历史可资总结；第二，我们有我国30多年社会主义的实践经验和教训可资概括；第三，我们又有多年来关于对象问题的各种不同意见可资参考；第四，我们现在又有了可对社会学的问题进行学术讨论的政治环境。这样，我们完全有理由期待在这个重要问题上取得进展，取得成果。

（二）揭示社会学独特对象的途径

关于社会学对象问题，仔细想来，事实上存在着两个层次上的分歧。第一个层次，就是社会学究竟是不是一门具有自己独特对象的社会科学。认为社会学是一门"剩余社会科学"的说法，认为社会学不是一门科学而是一个科学群的说法以及认为"社会学可以看成是一些次要学科的集合"[1]的说法，实际上都否定了社会学是一门具有自己独特对象的社会科学。第二个层次，就是在承认社会学是一门具有自己独特对象的社会科学的前提下，对这个独特对象的理解不同。关于这一点上的众多分歧，我们在前一节中已经看到了。现在的关键是要揭示出这个独特对象是什么。

那么如何揭示这个独特的对象呢？美国社会学家英格尔斯在《社会学是什么？》一书中指出给社会学下定义的三条途径：第一，历史的途径——"创始人说了些什么？"；第二，经验主义的途径——"当代社会学

---

[1] 英格尔斯：《社会学是什么？》，中国社会科学出版社1981年版第23页。

家在做些什么？"；第三，分析的途径——"理性的指示是什么？"①。尽管英格尔斯对这三条途径都有某种程度的保留，没有把话说得过死，但他正是按照这些途径来考察社会学的内容和对象的。

英格尔斯提出的三条途径，对我们考察社会学的对象问题，具有某种启发作用，但不能认为是深刻的。因为我们可以进一步问：创始人为什么那样说？当代社会学家为什么那样做？理性为什么那样指示？这就是说，无论是历史的途径、经验的途径、分析的途径，都没有指出背后更深层的、决定性的东西。这种更深层的、决定性的东西就是时代的实践要求。正如马克思、恩格斯深刻指出的那样："一切划时代的体系的真正的内容都是由于产生这些体系的那个时期的需要而形成起来的。"② 英格尔斯正是停留在表面上、停留在"然"上，而没有着力去探索"所以然"，因而使他不能正确地解决社会学的对象问题，而得出了类似"社会学可以看成是一些次要学科的集合"的结论。

那么，决定创始人那样说的时代的实践要求是什么呢？这就是西欧资本主义代替封建主义所引起的社会变化，就是英国产业革命和法国政治大革命所带来的社会后果；正是这些社会变化和社会后果，把现代社会运行和发展的问题，即如何实现良性运行和协调发展、避免恶性运行和畸形发展的问题，突出出来了。

在近代西方的社会变革历史中，最核心的事件是 18、19 世纪的两大革命。一个是以 1789 年法国大革命为标志的政治大革命（同时也是思想大革命），到 19 世纪三四十年代，资产阶级革命已在欧洲主要国家中完成了。另一个是 18 世纪在英国开始，19 世纪扩展到整个西欧和美国的产业革命。这两大革命引起的社会变化和后果，主要可从两方面看。

---

① 英格尔斯：《社会学是什么？》第 1-2 页。
② 《马克思恩格斯全集》第 3 卷，人民出版社 1960 年版第 544 页。

一方面，它们促进了生产力突飞猛进的发展："资产阶级在它的不到一百年的阶级统治中所创造的生产力，比过去一切世代创造的全部生产力还要多，还要大。"[1] 它们推动了自由竞争以及与此相应的经济、政治、社会制度的建立；资产阶级的剥削和统治代替了"由宗教幻想和政治幻想掩盖着的剥削"[2]和统治。它们引起了观念的变化：金钱关系、金钱至上的观念代替了宗法等级观念，"人的尊严变成了交换价值"[3]。它们造成了一个急骤变化的快节奏的现代社会而与千百年沉睡的慢节奏的传统社会不同："生产的不断变革，一切社会关系不停的动荡，永远的不安定和变动，这就是资产阶级时代不同于过去一切时代的地方。"[4] 总之，两大革命使社会从生产力到生产关系、从经济基础到上层建筑、从思想观念到政治制度都发生了变化。作为上述变化突出表现的工业化（机器大工业普遍地代替工场手工业）和都市化（城市规模的扩大、作用的增大等）以及与此相联系的社会问题的产生，对社会学的产生有着直接的影响。

另一方面，资本主义制度的确立，并没有建立起资产阶级启蒙思想家所预言的"理性的王国"，并没有带来普遍的"自由、平等、博爱"，相反却越来越暴露出这一社会许多弊病、祸害和恶性循环：作为社会瘟疫的经济危机的周期性发作；作为贫富悬殊标志的富人区和贫民窟的并存；从劳资对立到工人怠工、罢工、破坏机器以至起义；从大鱼吃小鱼到企业破产、倒闭；从童工的使用到工人丧失劳动能力后的悲惨处境；从失业大军的形成到犯罪率的提高；一边是"生产过剩"，很大一部分粮食和其他制成品被销毁，另一边是挣扎在饥饿线上的穷人饥寒交迫；如此等等。这种种社会运行和发展中的障碍和不协调，以极其鲜明的形式，提出了资本主

---

[1] 《马克思恩格斯选集》第1卷，人民出版社1972年版第256页。
[2] 同上书第253页。
[3] 同上书第253页。
[4] 同上书第254页。

义社会能否良性运行和协调发展的问题。如回答能，则有一个如何达到良性运行和协调发展的问题；如回答不能，则又有一个如何解决、出路何在的问题。从孔德开始的西方社会学传统和从马克思开始的马克思主义社会学传统，根据19世纪空想社会主义的主要代表特别是圣西门的思想，各自作出了不同的回答。我们在后面将看到，象孔德、斯宾塞等西方社会学的创始者们以及象迪尔克姆、韦伯等西方社会学的实际奠基者们，实际上都是站在维护资本主义社会的立场上，各以不同的方式，自觉不自觉地围绕这一点来谈论社会学的。马克思主义社会学的创始者马克思、恩格斯，则站在推翻旧社会、创建新社会的立场上，来谈论资本主义社会和社会主义社会的运行和发展的问题。尽管马克思、恩格斯没有采用"社会学"这个术语，而把自己的学说叫做唯物史观，但并不影响问题的实质。

作为时代的实践要求的社会运行和发展的问题，特别是社会良性运行和协调发展的问题，就是这样提出来的。因此，它以不同的形式植根于社会学两大分支之中，是不奇怪的。照我们的看法，"创始人说了些什么"，从根本上说，就是提出了争取社会良性运行和协调发展、避免社会恶性循环和畸形发展的问题。"当代社会学家在做些什么"呢？在我们看来，也没有脱离这个根本点。因为随着时间的推移，社会越来越复杂、越分越细微，系统里有小系统，部门里有小部门，因此社会良性运行和协调发展的问题也就越来越重要。至于"理性的指示是什么"，当然也应当这样来理解。

（三）社会学是关于社会良性运行和协调发展的条件和机制的综合性具体科学

既然社会学两大分支的产生都与社会运行和发展的问题有关，那么，从社会运行和发展的类型开始，结合我国 30 多年来社会运行和发展的实际情况，也许能把社会学的对象问题说得更清楚。

我们认为，一般地说，社会的运行和发展大体可以分为三种类型，姑且称它们为良性运行、中性运行和恶性运行，协调发展、模糊发展和畸形发展。社会的良性运行和协调发展，不同于中性运行和模糊发展，更与恶性运行和畸形发展相对立。而社会的中性运行又跟恶性运行有本质的差别。

所谓社会的良性运行和协调发展，是指特定社会的经济、政治和思想文化三大系统之间以及各系统内不同部分、不同层次之间的相互促进，而社会障碍、失调等因素则被控制在最小的限度和最小的范围之内。社会的良性运行和协调发展，是生产力和生产关系、经济基础和上层建筑相互适应的体现，是社会运行和发展的理想模式。社会的良性运行和协调发展不是清一色的，它因程度不同而表现出多样性。我国 50 年代前期，党风优良，政治清明，社会风气正，人民的精神面貌好，生产恢复发展快，社会障碍等因素被控制在很小的范围内。那时，可以说，我国社会是处在一种初级的良性运行和协调发展的状况之中。

所谓社会的中性运行和模糊发展，是指社会运行有障碍，发展不甚平衡，包含较多较明显的不协调因素，但它们还未危害、破坏社会的常态运行。因此，社会的中性运行也可称作有障碍的常态运行。这是一种良性运行和恶性运行之间、协调发展和畸形发展之间的中间状态，是一种不稳定状况：它有可能向前者进化，也有可能向后者退化。我国 1957 年至 1959 年期间、1962 年至 1966 年"文化大革命"之前的时期，总的说来，就处在这样的状况之中。反右派斗争扩大化、"反右倾机会主义"运动、片面强调阶级斗争，是政治上的障碍和不协调因素。超越生产力发展的现实阶段，片面地、频繁地进行生产关系的调整和"革命"，如公社化、割"资本主义尾巴"、"提前进入共产主义"以及"大跃进"之类，是经济上的障碍和不协调因素。党的实事求是的思想路线日益遭到践踏，"人有多大胆，地有多大产"之类竟成了时髦的口号、个人迷信之风来势凶猛、奴隶主义和盲目服从愈来愈被提倡，凡此种种，又是思想上的不协调因素。对这些"左"的不协调因素失去警惕，不加以及时纠正，任其泛滥，结果是愈演愈烈，终于退化为后来"文化大革命"时的社会恶性运行。由此可见，"文化大革命"前十七年也不是一切都好，一切都应肯定，它也有为十年动乱作准备的一面。对这十七年也要采取分析的态度，不能肯定一切，否定一切。

所谓社会的恶性运行和畸形发展，是指社会运行发生严重障碍、离轨、失控。三年困难时期，我们初步感受到了这种恶性运行；"文化大革命"时期，我们更全面广泛地感受到了它：党组织瘫痪、公检法被砸、工厂停工、学校停课、交通运输混乱、武斗升级、无政府状态泛滥、冤狱遍于国中、人际关系紧张、唯心主义横行、形而上学猖獗、新宗教运动规模空前、国民经济濒临崩溃边缘，到处是"斗、斗、斗"、"破、破、破"、"乱、乱、乱"，等等。这种恶性运行的主要原因是林彪、"四人帮"极左集团在政治上的破坏。

应该说，社会主义社会从根本上、总体上是能够良性运行和协调发展的。不仅宏观上如此，而且微观上也能如此。因为社会主义经济是以生产资料的公有制为基础的，它与生产的社会化是一致的。这正是社会主义优越于资本主义的地方。资本主义由于生产的社会性与生产资料占有的私人性之间的基本矛盾，决定了它在根本上、总体上不能够良性运行和协调发展，至多只能在局部上、微观上做到这一点。资本主义基本矛盾的表现之一——全社会生产的无政府状态和个别企业的有组织状况，正是表明了资本主义只能在微观上而不能在宏观上做到良性运行和协调发展。对资本主义来说，有障碍的常态运行是它经常出现的面貌，经济危机时期则是它的恶性运行时期。

需要着重指出的是，说社会主义社会能够良性运行和协调发展还只是一种可能性，而不是现实性。不仅如此，建国以来的经验和教训从正反两个方面告诉我们：如果搞得不好，社会主义社会也会经常处于中性运行和模糊发展之中；如果再不注意，还会陷入恶性运行和畸形发展，甚至到达崩溃的边缘。十年动乱给我们上了极其充分的一课。从这个角度看，十一届三中全会的伟大历史功绩在于它真正结束了我国不幸陷入的恶性运行和畸形发展，使我国社会进入了中性运行和模糊发展的状况，并向我们展示了我国社会向良性运行和协调发展转化的现实可能性。

可以毫不夸张地说，推进和维持我国社会主义社会的良性运行和协调发展，关系到我们每个人切身、长远、根本的利益，关系到社会主义制度的优越性的发挥，确实是大局所在。但是，我国社会的良性运行和协调发展不会自动地、自然而然地到来。这就要求我们研究我国社会良性运行和协调发展的条件和机制，并努力创造这种条件，按照这种机制去尽力加以争取。

社会学不是别的，正是一门研究社会良性运行和协调发展的条件和机制的综合性具体社会科学。我们现在要建立的社会学就是以我国社会主义社会的良性运行和协调发展的条件和机制为自己的对象的。所谓从社会学角度看问题，正是从社会良性运行和协调发展的角度看问题。这样的社会学向人们表明：树立社会良性运行和协调发展的观点的重要性以及没有这种观点的危害性。人们可以从自己的切身经验中、从无数生动的事实中，处处印证这一点。

在"社会学是关于社会良性运行和协调发展的条件和机制的综合性具体科学"这个定义中，"社会"，主要指现代社会，即资本主义社会和社会主义社会以及将来的共产主义社会。因为社会学是现代社会的产物，而且也只有在现代社会中才会系统地提出社会的良性运行和协调发展的问题。所谓"具体科学"，表明社会学不是哲学科学。所谓"综合性"，表明社会学不是那种以社会的某一个子系统为自己对象的单一性学科。所谓"条件"，指社会良性运行和协调发展所需的主要的内外部条件，例如，根据我国国情，应着重研究下列几项：平衡的生态环境、高质适量的人口、和平的国际环境、高度的物质文明和精神文明等。所谓"机制"，指社会良性运行和协调发展的带规律性的模式，例如，我们要着重研究什么样的社会化、什么样的互动方式、什么样的群体关系等等构成社会良性运行的机制。条件和机制的区分是相对的，高质适量的人口既是我国社会良性运行的必要条件又是重要机制。条件和机制也都和规律性有关。因此，上述定义也可表述为"社会学是关于社会良性运行和协调发展的规律性的综合性具体科学"。

有同志问：上述定义只提研究社会良性运行和协调发展的条件和机制，难道社会学不研究恶性运行和畸形发展吗？这是一种误解。事实上把社会学的对象定义为研究社会良性运行的条件和机制，并没有把恶性运行、中性运行排斥在社会学的领域之外。第一，要研究良性运行必然要研究恶性运行以及中性运行，因为它们是相对而言的。社会良性运行的条件和机制，换句话说，不就是避免社会恶性运行的条件和机制吗？第二，就社会学的本性来说，它归根到底是以改善、改良社会为己任的，重点是强调社会的良性运行。这一点对马克思主义社会学也不例外，因为作为革命批判性的社会学，仅仅是马克思主义社会学的一种形态，它是由历史条件决定的特殊形态的社会学，它还有更重要的形态，即维护建设性的形态。关于这一点，我们将在后面详细论及。第三，研究恶性运行，目的是避免恶性运行，达到良性运行。总之，研究恶性运行是上述定义的应有之义；在定义中写进恶性运行不是不可以，但是是多余的。

（四）社会运行和发展真有不同的基本类型吗?

由上可知,社会运行和发展的基本类型是我们给社会学下定义的根据。这样势必会产生两个问题:第一,社会运行和发展真有不同的基本类型吗? 第二,如何区分社会运行和发展的类型? 让我们分别对这两个问题作一些探索。我们在此后将常常用"运行"这个术语来代替"运行"和"发展"这两个术语。一则是为了行文的简短和方便,二则是因为运行和发展事实上是分不开的。如果我们从另一个角度看,可以把运行区分为横向运行和纵向运行两种,而纵向运行即是发展。从这一角度看,纵向的良性运行、中性运行和恶性运行分别就是协调发展、模糊发展和畸形发展。

任何客观事物或过程,当人们选择了一定的价值取向或理论取向予以区分和评价时,便有了好坏、善恶之分。社会运行的基本类型,正是人们从一定的价值取向或理论取向出发,对客观的社会运行过程或状态所作的区分和评价。

提出社会运行和发展及其基本类型的问题并不是凭空设想,它是有历史线索可循的。仅就中国历史而言,自古以来,很多思想家都重视对历代兴衰之原因与状况的考察。通过长期的历史考察,人们将社会运行的基本状态分为"治与乱",或"大治与大乱"。例如,我国历史上有"文景之治"、"贞观之治"、"开元之治"的说法,它们被看作是封建时代治世的楷模。历史上也有所谓"乱世"之说,如"侯景之乱"、"安史之乱"等。在这里"治"与"乱",都是对社会运行状态的综合性考察与评价。所谓大治,一般是指:经济得到较快的发展,物资供应丰富,社会安定,秩序良好,政治清明,政局稳定,领导集团能够励精图治、选贤任能、有所作为。总之,是一片太平景象。所谓大乱,则是与上述截然相反的状态。对于社会的治乱,自汉代以来人们作了不少研究。例如,《淮南鸿烈》一书就探讨了"世治"和"世乱"的原因,并把它们看成是一种客观现象,而非人的主观所决定的。① 东汉哲学家王充把社会的治与乱不单看成是一种政治现象,他还从人民的经济生活出发,对之进行综合性考察。② 东汉末年的思想家仲长统不仅对横向的社会运行作了治与乱的研究,而且从纵向运行——从较长的历史过程来考察封建王朝的运行状态。他把封建王朝的发展分为三个历史阶段,即兴起、保守和没落。他认为历代王朝均处于治与乱的交替变化发展之中。他还提出,在这种治与乱的交替运行中,乱世时间长,而治世时间短。③ 总之,我国古代学者对社会运行和治乱的研究,提出了一些重要的思想。当然,我国过去关于"治、乱、盛、衰"的思想,毕竟只是对社会运行类型或状况的一种直观的反映。但是这些思想对后世的影响至深。严复在引进西方社会学和译述斯宾塞的《社会学研究》时,也是着眼于中国的"治"与"乱"、"盛"与"衰"的。他说:"群学者,将以明治乱、盛衰之由,而于三者之事操其本耳。"④ 这就是说,在他看来,社会学是一门研究社会治和乱、盛和衰的原因,从而掌握"正德"、"利用"、"厚生"这三者的根本的学问。他又说:"肄言何?发专科之旨趣,究功用之所施,而示之以所以治之方也。"⑤ 这就是说,严复认为,社会学的研究,是要阐发社会学这门学科的宗旨,探究它的功用,从而揭示社会所以达到"治"的方法或规律。不仅如此,古代治乱的思想还影响到现在,在"文化大革命"中,我们不是常常听说关于大治、大乱的种种说法吗?

---

① 参见《淮南鸿烈·俶真训》。
② 参见《论衡·治期》。
③ 参见《后汉书·本传》。
④ 严复,《群学肄言》商务印书馆1981年版第Ⅶ页。
⑤ 同上。

我们已经知道，社会学两大分支的产生都与资本主义社会运行和发展状况有关；二者归根到底也这样那样地研究着资本主义社会的运行和发展的状况。这是马克思主义社会学与西方社会学的共同点；但是二者的立场、观点又是根本不同的。

第一，马克思主义经典作家，从生产力和生产关系矛盾运动的历史唯物主义观点出发，着重探究资本主义社会运行状况的原因或根源，例如恩格斯指出资本主义社会周期性经济危机所表明的恶性循环，其根源是生产资料私人所有制，并针对这个根源提出治本的主张：彻底废除生产资料私有制，从根本上改造资本主义社会。从孔德开始的西方社会学，则在资本主义私人占有制神圣不可侵犯的框子里研究西方社会的运行，主张头痛医头、脚痛医脚的治标办法，即一点一滴地改良，一个一个地解决社会问题，而不去触动资本主义私有制这个根本。他们承认资本主义社会运行有障碍、有弊病，甚至承认有危机，但是他们往往只停留在表面现象，而不去或反对寻找障碍、弊病、危机的原因；即使去找原因，也是从唯心史观出发，把它归结为道德的原因、文化的原因、心理的原因、宗教的原因等。

第二，马克思主义经典作家主要是联系革命形势来研究资本主义社会的具体运行状态。例如，马克思讲，在资本主义社会处于"普遍繁荣"的情况下时，"就谈不到什么真正的革命"[①]。列宁指出，资本主义出现全面社会危机的标志有三条：社会"上层"的危机，即统治阶级的政治危机；被压迫阶级的贫困和灾难超乎寻常地加剧；群众革命积极性大大提高。[②]相反，从孔德开始的西方社会学主要研究怎样在资本主义制度下使社会良性运行，使社会各方面协调发展，他们事实上是在总结资产阶级统治的经验，为维护资本主义社会服务。

---

① 《马克思恩格斯选集》第1卷第488页。
② 参见《列宁选集》第2卷，人民出版社1972年版第620—621页。

总之，社会运行和发展的问题由来已久，古代思想家进行了探索。但只有随着社会从传统社会进入现代社会，这个问题才被突出地提了出来，并逐渐成为社会学专门加以研究的对象。

关于社会运行的基本状况或基本类型，过去基本上是二分法：治世和乱世；盛世和衰世；良性循环和恶性循环。这大体上是正确的，但容易被简单化，好象社会非治即乱、非乱即治。从建国 30 多年的情况看，社会的运行并非这么单纯，往往不是按"非此即彼"进行的，在多数情况下常常是"亦此亦彼"。据此，我们提出了中性运行和模糊发展的概念，即有障碍的常态运行这样的概念，从而把社会运行的基本类型分成三类。应当指出的是，社会运行基本类型的区分有相对性和多样性，我们的区分只是其中的一种，完全可以有其他的区分法。

（五）区分社会运行类型的主要原则及其应用

对社会运行的状态或类型，人们是可以根据自己的生活经验模糊地感觉到的。但是作为一种理论，却不能停留在感觉上，而是要在此基础上"升华"。这就是说，要在确定了不同的类型之后，对如何区分这些类型的主要原则作出必要的说明。

我们认为，区分社会运行类型的主要原则可归结为三个，即综合性原则、协调性原则和满足需要的原则。

1. 综合性原则

（1）社会学的评价方法与综合性原则

如何评价与衡量一个社会的运行与发展状态，是社会学中一个争论较多的问题。长期以来，社会学家们提出了许多标准，却没有一个得到公认，即没有一个为所有社会学家所推崇和为所有国家所接受。其所以如此，一方面是因为众多的社会所处的时代、地理位置以及各种客观条件不尽相同，甚至截然相反。例如，美国的 E. S. 博加德斯教授提出了衡量社会进步的14条标准。其中有健全的身心、有利健康的环境、从事创造性工作人数的增加、工商业民主的发展、劳资关系的协调以及注重于精神和宗教的发展等。[①] 这些标准曾受到一些社会学家的推崇。可是很显然，这些标准渗透着维护资本主义社会的狭隘意识形态，根本不可能照搬到社会主义的中国来。另一方面，是因为人们的价值取向也常常各不相同，甚至根本对立。因而，主观上也无法统一。在第九届世界社会学大会上就曾出现过在衡量标准和价值取向上互相对立的观点。不少社会学家坚持这样的观点：科技革命和工业发展是现代社会进步的标志。与此相反，印度社会学家 C. 达斯古普塔则根据印度的传统道德提出，现代科技对地球上绝大多数人是惨无人道的，它将给世界带来灾难性后果。他提出应以素食者人数、从事自然经济的人数等48条标准来说明社会的进步状态。[②] 他的观点竟得到与会很多社会学家的赞同。由此可见，要想找到评价社会运行与发展的统一标准是十分困难的。但是，从上述简单介绍中我们也可以看出，有一点是为绝大多数社会学家所肯定的，即从社会学的角度看，衡量社会运行与发展不能只从某一个单方面，或某几个片面的角度出发，而是必须用一种全面的、综合性的标准来评价。

综合性的含义，主要可以从两个角度来把握。首先，它指对社会运行评价的全面性，即要对多系统、多因素、多层次的社会做周密全面的考察。既做横向的考察，又做纵向的考察；既对它的各系统、各因素、各层次及其功能和相互联系的方式做考察，又要对其历史过程、现时状况和未

---

① 参见 E. S. 博加德斯：《社会学》1950年英文版第397页。
② 参见《社会学研究》（苏）1979年第1期。

来趋势做考察。其次，它还指对社会运行评价的整体性。社会运行的状况最终要通过整体的运动表现出来，局部运行和发展的良性与否必须通过它对整体所发挥的作用才能显示出来。整体效益是衡量社会大系统以及各个子系统运行状态的根本依据。

（2）综合性原则的必要性

过去，人们在衡量社会运行与发展的状态时，往往仅看经济数字。统计学也仅仅强调经济统计。近年来，世界范围的一系列事实使人们越来越认识到，无论从理论上看，还是从实践上看，单凭经济状况与经济发展速度是不能如实地认识社会的运行状态的。

经济的发展、生产力的提高，是一个社会发展的物质基础。但是，经济的发展并不完全等于社会的发展。社会是一个由经济、政治、思想文化等多结构、多层次的系统所构成的统一体。这个统一体的良性运行与发展要依靠各个子系统的良性运行来支持，而不能只靠其中某一个子系统的支持。我们既要看到经济发展对社会运行的基础性作用，又要看到两者是不同层次上的两个问题。它们有可能一致，也有可能不一致，甚至处于互相对立的状态。欧洲工业革命时期，西方资产阶级曾采取单纯的经济发展战略，靠牺牲社会发展来求得片面的经济增长，结果造成18至19世纪西方国家的巨大的社会动荡。在这一时期，西方的经济发展是迅速的，但是，社会运行却常常处于恶性运行状态。

另一方面，对经济发展和生产力发展的真正科学的评价，是脱离不开对整个社会大系统的评价的。仅以生产力的三要素为例，我们列表如下（表一）。

从表一可以看出，生产力三要素与广泛的社会要素是无法分开的。没有"相关要素"的支持，生产力要素就无法存在，更谈不上发展。仅从劳动者这一要素看，没有人口、营养、居住等要素就没有劳动者的存在，而没有教育、科学技术等要素，劳动者则不能充分发挥劳动的能力。除了表中所列的要素外，劳动者作为社会的一员还要过广泛的社会生活。因此，就事物的本质而言，单靠经济标准是不可能认识社会运行的基本状态的。

近年来，许多社会学家已经指出，如果撇开社会的众多方面和众多要素，片面追求经济的增长或经济的评价，那只能造成畸形发展。社会学家们指出，在发达国家里，虽然国民生产总值已经很高了，但随之而来的环境污染、生态环境的破坏等，使人类生存最基本的条件——空气、水、安宁的环境、和谐的自然等变得更差了。人们从事高度紧张的脑力劳动，使精神系统的患病者增多了。社会学家们还指出，在许多发展中国家里，片面的经济发展不但没有给人民带来幸福，反而造成了社会分化和社会动荡，人们的不满情绪普遍高涨。[①]

表一

生产力要素	基本方面	相关要素
劳动者	体力——人体及其健康状态、灵活性与耐力……	人口（数量、质量、性别、年龄）、营养、居住、医疗保健、训练、休息、体育、安全……
	智力——技能、知识、注意力（目的性、意志力）、精神状态……	教育、科学技术、文化、宣传、劳动环境、社会经济环境、社会生活环境、社会秩序、闲暇、娱乐……
劳动资料	动力系统、能源系统、运输系统、贮藏系统、自动化系统……	生产环境、生产管理、规章制度、生产布局、城乡规划、交通运输、工业噪音与污染……
劳动对象	土地、资源、水源、矿藏、环境……	生态环境、绿化、新材料的运用、资源与能源的消耗、供水、排水……

---

① 参见保罗·B.霍顿、切斯特·L.亨特：《社会学》纽约1984年版第501页。

(3) 综合性原则的运用

一般说来，综合性原则可以有两种方式加以运用：理论的综合研究和数学、统计学等模型的综合研究。如果把二者结合起来也算作一种，则共有三种运用方式。

第一，理论的综合研究。这是为人们广泛地、频繁地使用的一种基本方法。马克思主义经典作家在分析有关国家的运行状况时，常常采用综合研究的方法。从他们的著作中，我们可以看到对各有关国家的经济、政治、思想文化等状况的全面分析，对各阶级各阶层的要求和情绪的透彻了解，对各国内外关系、内外条件的精辟论述。理论的综合研究的一般过程是，首先通过广泛深入的调查研究，占有各个方面的大量实际材料，然后通过分析材料，找出其内在的联系，并从中找出最重要的联系，最后得出科学的综合结论。例如，列宁在十月革命前夕撰写的一系列著作中通过研究俄国的社会状况，指出当时的俄国社会恶性运行已达到极点，革命形势已经具备，必须用苏维埃新政权取代反动的旧政权。毛泽东同志在中国新民主主义革命的各个历史阶段，通过对中国社会状况的全面研究，分析了中国社会各阶级的经济地位、政治态度和思想倾向，从而得出了指导中国共产党进行斗争的方针政策。他们当时对俄国和中国的社会运行状况所做的理论综合研究已被实践证明是正确的。

第二，数学、统计学等模型的综合研究。社会学历来重视运用数学、统计学及其他工具来研究社会，由此形成了数学、统计学等理论模型。这类模型的基本出发点是，认为社会现象虽然复杂，但总可以通过一定的方法加以计量。用计量化反映社会现象，只要运用得当，就具有严格、准确、客观性强和容易比较等特点。运用数学、统计学对社会运行状态作综合性评价有两种策略。

一种策略是计算社会运行状态的综合指标，即将社会某一方面的状况最终反映为一个综合性的指标，通过这个指标值的高低来判断社会运行、社会发展的好与坏、前进与倒退。在国际上，很多研究社会指标的专家曾提出了多种计算综合指标的模型或公式。比较著名的如美国社会卫生协会提出 ASHA 指标值的公式：

$$\text{ASHA 指标值} = \frac{\text{就业率} \times \text{识字率} \times \dfrac{\text{平均期望寿命}}{70} \times \text{人均国民生产总值}}{\text{人口出生率} \times \text{婴儿死亡率}}$$

该组织用上述公式得出的数值来综合评价发展中国家的社会发展状况。又如，在美国的大卫·摩里斯博士指导下，美国海外发展委员会曾提出"生活质量指数"（PQLI 指数），通过测量这个综合值来反映人们的生活状况。其公式如下：

$$\text{生活质量指数} = \frac{\text{识字率指数} + \text{婴儿死亡率指数} + \text{一岁期望寿命指数}}{3}$$

根据此种策略，从理论上说，一个社会多方面的社会子系统的运行状态，最终可以反映为一种综合值。根据一定的标准可以区分为高值、中值和低值三种状态，来分别反映社会运行的良性、中性和恶性三种类型。

下面，我们就从社会系统的角度，运用数学、统计学模型，对社会运行的综合研究方法作一简单举例说明。为了说明方便，我们列表二如下。

表二将社会运行的全部内容区分为社会条件系统、社会经济系统、社会生活系统、社会政治系统和思想文化系统五个方面。[①] 表中列出的各系统的要素内容（如：自然灾害情况等）仅为举例说明，要素的实际内容将是多方面的。表中的数据主要有三类，即作为比较和参照用的基期数据，

[①] 社会系统的区分具有相对性、多样性。可以分成经济、政治、思想文化三大系统，也可分成经济、政治、社会生活、思想文化四大系统等（本书为行文简短，一般采用三大系统）。这里为了举例说明运用数学、统计学模型对社会运行做综合研究，我们把社会存在的条件也看作一个系统，加上四大系统，共五个系统。

反映现时社会实际运行状态的报告期数据和为计算综合值、平均值而设的权数。其中,各个系统的综合指标 Z_1-Z_6 分别反映各个系统的运行状态。以社会条件系统为例,其综合指标的计算请参看下列公式:

表二

系统	系统要素				系统的基期或参照指标	系统的报告期指标	各系统权数
	内容	要素的基期或参照指标	要素的报告期指标	各要素权数			
社会条件系统	自然灾害情况;人口增长情况;生态环境情况;……	$T_{p1}-T_{pn}$	$T_{z1}-T_{zn}$	$T_{q1}-T_{qn}$	P_1	Z_1	Q_1
社会经济系统	劳动力资源利用;国民收入;劳动保险;……	$J_{p1}-J_{pn}$	$J_{z1}-J_{zn}$	$J_{q1}-J_{qn}$	P_2	Z_2	Q_2
社会生活系统	教育普及程度;生活时间分配;……	$S_{p1}-S_{pn}$	$S_{z1}-S_{zn}$	$S_{q1}-S_{qn}$	P_3	Z_3	Q_3
社会政治系统	政治参与活动;社会治安情况;……	$Z_{p1}-Z_{pn}$	$Z_{z1}-Z_{zn}$	$Z_{q1}-Z_{qn}$	P_4	Z_4	Q_4
思想文化系统	价值观念、信仰;个人意愿表达;……	$X_{p1}-X_{pn}$	$X_{z1}-X_{zn}$	$X_{q1}-X_{qn}$	P_5	Z_5	Q_5

$$Z_1 = \sum T_z \times T_q \text{ 或 } \overline{Z}_1 = \frac{\sum T_z \times T_q}{\sum T_q}$$

其中,Z_1:社会条件系统的综合值

$\overline{Z}_1$:社会条件系统的平均数

T_z:社会条件系统各要素的指标值

T_q：社会条件系统各要素的权数

按照此种设想，通过计算社会各系统的综合值或平均数，可以得出反映整个社会运行状态的数据。其方法有两种：一种是计算总量指标及其平均数，请参看下列公式：

$$K = \sum_{i=1}^{s} Z_i \times Q_i \text{ 或 } \overline{K} = \frac{\sum_{i=1}^{s} Z_i \times Q_i}{\sum_{i=1}^{s} Q_i}$$

其中，K：社会运行状态的总量指标

$\overline{K}$：社会各系统的平均数

Z_i：社会各系统的报告期指标值

Q_i：社会各系统的权数

从理论上说，K 值或 $\overline{K}$ 值均可以区分为三种——高值、中值和低值，分别反映社会运行的三种状态或类型。

另一种是计算相对数及其平均值，可参看下列公式：

$$K = \sum_{i=1}^{s} \frac{Z_i}{P_i} \times Q_i \text{ 或 } \overline{K} = \frac{\sum_{i=1}^{s} \frac{Z_i}{P_i} \times Q_i}{\sum_{i=1}^{s} Q_i}$$

其中：K：社会运行状态的综合相对数

$\overline{K}$：社会各系统的平均数

Z_i：社会各系统的报告期指标值

P_i：社会各系统的基期指标值

Q_i：社会各系统的权数

按此种方法计算，社会运行的综合值表现为报告期与基期指标之比。从理论上说，也可以区分出三种相对数值，来分别反映社会运行的三种状态。

另一种策略是进行多因子分析，即通过对社会运行的多种数值的反复权衡与比较而最终得出结论。其具体方法很多，如权衡法、目标函数法、等效线比较法、共约法、效益—费用分析法、压缩因子法等等。

第三，在实际应用中，理论的综合研究与数学、统计学等模型的综合研究，并不是各自独立、互不相干的。两者可以互相结合，取长补短。理论的综合研究的长处在于：它不需要较高的投资，不需要较多的设备；它能够迅速找出社会运行上的一些关键部位进行研究；它能充分发挥人的主观能动作用，即凭借丰富的经验、敏锐的观察力和高超的理论水平而对社会运行做出定性的评价与判断。其缺点在于缺乏量的规定，受人的主观因素影响太大。一旦主观认识失误，则会导致全盘的错误。与此不同，数学、统计学等模型的长处是，它能进行较严格的定量分析、受人的主观因素影响小些——这些恰能弥补理论模型之不足。当然，数学、统计学等模型也有明显缺陷，它的全面实施，往往因耗资过大而成为不切实际的幻想。再者，有些数学、统计学等模型，如我们上面列出的一些公式，仅是一种理论构想，它在实际应用中还会遇到很多困难的技术问题。比如，如何找到科学的权数，就是一件困难的工作[1]；又如，有些社会现象、社会关系难用数字或其他统计模型表达出来，这样其可行性就常为人们所怀疑。总之，我们主张，在实际应用中，既不要固守在某一种模型上，也不要轻易抛弃某一种模型，而是应把多种模型结合起来进行综合性研究。

2. 协调性原则

从系统论的角度看，所谓社会运行的协调性，就是社会各系统及其各个要素、各个层次之间的相互配合。一个社会的协调程度是区分社会运行

---

[1] 现在人们常采用"德尔菲法"，通过专家咨询与评议，来确定权数。"德尔菲法"是一种有目的地征求专家意见，通过数理统计分析进行综合归纳，多次交换信息的系统科学方法。

类型的重要标准。社会运行的协调性，主要包括下面三个方面。

（1）结构性协调

结构是要素的内在联系形式或方式。结构性协调是社会要素的联系具有较高的有序性、较合理的比例关系和排列方式、较严密的组织构成。我们知道，社会结构是多方面和多层次的。因此，社会结构性的协调也是指社会结构多方面、多层次的协调。

社会结构是社会运行的前提，对社会运行状态起着根本性制约作用。社会结构的协调与否是区分社会运行类型的基础。首先，社会良性运行必须建立在结构协调的基础上。如果结构不协调，那么，无论怎样从功能上调整也无法使社会呈现出良性运行状态。其次，社会的中性运行，是以社会结构出现部分失调，但整体还处在基本协调的界限内为前提的。最后，社会恶性运行归根结底总是与社会结构的基本失调有关。社会结构的基本失调表现为社会要素的有序性被破坏、各方面比例严重不合理，呈现出畸形发展。在这种情况下，即使部分功能是协调的，也无法摆脱恶性运行的状态。

由此看来，改变社会恶性运行状态，使之向中性运行和良性运行发展的基本途径是创造必要的条件，有计划有步骤地进行大规模的结构性调整。一般认为，社会结构具有稳定性的特点，即一种维持原有的秩序、组织和比例的趋向。这种稳定性表现在运行上，就是社会运行的惯性。在社会良性运行的情况下，结构的这一特点固然是好事，但是，在社会恶性运行的情况下，它就会给大规模的结构性调整带来巨大的阻力。例如，在我国"文化大革命"的十年动乱期间，社会结构严重失调。加上由于稳定性和惯性的特点，结构性调整十分困难。十一届三中全会冲破了这种结构的稳定性和运行的惯性，揭开了大规模结构性调整的序幕。仅从经济系统和政治系统看，三中全会以来所做的结构性调整至少有表三所列内容：

表三

	调整前	调整后
经济系统 ↑ 政治系统	两种公有制，"越大越公越好"	公有制为主的多种经营形式、发展一部分个体经济
	集体出工，"工分制"，实质上是"大锅饭"	以家庭联产承包制为主的多种形式责任制
	经济建设比例关系严重失调	轻、重工业比例关系和农、轻、重比例关系趋于协调
	单一的农业生产结构	多层次的农业产业结构，其中，林、牧、渔、工副业比例增加
	单一的指令性计划	缩小指令性计划，扩大指导性计划和市场调节范围
	国家对企业统得过多、过死	扩大企业自主权，实行厂长责任制试点
	……	……
	民主、法制遭到严重破坏	社会主义民主法制逐步健全，通过了新宪法，制定了300多项重要法律法规
	把知识分子划为资产阶级	知识分子是工人阶级一部分
	反右派斗争扩大化和大批冤、假、错案	改正扩大化错误，纠正大批冤、假、错案
	党政不分，以党代政	党政分工，党要管党
	干部结构老化	各级班子新老交替。
	统一为单一制度国家的设想	"一国两制"的构想，圆满解决香港问题，同时也为台湾问题的解决提供了重要参考
	军队结构不适应现代化建设	军队进行革命化、现代化、正规化建设，人民解放军将裁减员额100万
	……	……

表三列出了三中全会以来，我国在政治和经济方面所做的一部分结构

性调整。表中的箭头号表示系统之间的结构调整，即我们把工作重点由过去放在政治领域（特别是阶级斗争方面）转移到社会主义经济建设上来。正是这些结构性调整，才使我国从不幸陷入的恶性运行中摆脱出来，开始了中性运行的历程，并逐步向良性运行方向迈进。

(2) 功能性协调

社会功能与社会结构紧密相连。结构是功能的基础，功能则是结构在运动中所发挥出来的作用。所谓社会功能性协调是指，社会各系统的活动和作用的相互配合与相互促进。反之，如果配合不上，甚至相互促退、抵消，则是功能的失调。

由于结构状态不同，功能性协调有两种情况。一种是在结构协调基础上的功能协调。这是一种比较稳定和持久的协调，因为它有较牢固、可靠的基础。例如，十一届三中全会以来，我国调整了农业、轻工业、重工业之间的关系，目前在生产总值中，三方面大体上各占三分之一，比例较协调。在工人、农民、知识分子和干部的共同努力下，各业功能的发挥、功能之间的关系也趋于协调发展。近年来工农业生产持续和稳定的增长、工农业之间的相互促进，就是一种以结构相对协调为基础的功能协调。另一种是在结构不协调基础上的暂时的功能协调。之所以出现这种情况，是由于人们做了种种主观上的努力，在功能上做了尽可能的调整。例如，"文化大革命"期间，社会经济结构严重失调，但由于周恩来总理等领导人在功能的协调上做了极大的努力，结果减少了"文化大革命"的损失，国民经济也取得了一定的进展。但是，这种功能协调是没有牢固基础的，因而是不可能稳定和持久的。

功能性协调在社会运行中起着重要的作用。首先，功能的协调与否是社会运行状态的直接标志。结构作为基础往往隐藏得较深，功能则是表层的东西，可以直接表现出来。因此，只有结构上的协调是不够的，必须实现功能上的协调,良性运行才能真正得以实现。其次,功能协调的特点也给社会运行状态以深刻的影响。我们知道,功能作为一种活动,常常是变动不居的,功能上的协调也是经常变化的。与此相联系,社会运行状态与类型绝不是一成不变的,社会的良性运行也绝不是一劳永逸的,因此,要想维持社会的良性运行状态,就要不断地付出艰巨的努力。功能协调的变动不居的特点也说明,在社会运行中,矛盾是普遍存在的,社会运行总是处于平衡→不平衡→平衡→新的不平衡……的矛盾运动之中。就是良性运行也并不等于没有矛盾了,而只是说,有结构性协调作基础,在功能上也大体上彼此协调。在这种情况下,社会障碍的东西、不协调的因素被控制在最小的范围中和最低的限度内。

(3) 结构与功能之间的协调

结构的协调与功能的协调是互相配合、互相促进的,这就是结构与功能之间的协调。结构与功能之间的协调程度也是衡量社会运行与发展的重要尺度。

首先,一般说来,结构决定功能,不同的结构要素、不同的结构组合会发挥不同的功能。当结构处于协调状态时,功能的协调就比较容易实现。但是,结构协调并不等于功能一定协调。例如,在工厂布局、管理制度、生产规划、投资等结构性要素都合理的情况下,如果不积极实现生产的运转、不去发挥全体劳动者的积极性,那么生产也无法增长。其次,功能的协调可以在一定程度上有助于结构的协调,最终有利于社会的良性运行。前面说过,结构具有稳定性的特点。结构的调整往往是较大幅度的调整,容易引起社会运行上的较大的动荡。因此,人们一般并不过多地调整结构。特别是在社会结构仅有轻微的不协调时,人们往往通过功能性调整来补偿结构性不协调。例如,用加快公共汽车车辆周转率、运行率的办法补偿公共汽车数量的部分短缺。通过功能的调整来促进结构性协调的另一种方法是，发挥结构的内在的和潜在的多种功能。我们知道，一种结构并不是只具有一种功能，而是往往具有多种功能。这样，在结构不变的情况下，可以通过促进多种功能发挥作用，而弥补结构上的某些不协调。例如，目前我国的社会保障事业还不是很完善。同时，由于国家财力有限，一时还拿不出大笔钱来建立完善的社会保障、社会救济以及社会福利体系。在这种情况下，如果能使我国家庭的赡养老人的传统功能得到发挥，那么，很大部分社会保障上的结构性不协调就可以通过家庭的特殊功能而得到补偿或减轻，从而不至于损害或甚至于有利于社会向良性运行方向发展。最后，结构与功能在变化上的相互配合，也对社会运行产生重大影响。一方面，功能的变化是结构变化的先导，社会总是因功能上的变化而最终导致结构上的变化。另一方面，结构一旦发生变化，就要求有新的功能迅速与之配合，否则，社会良性运行也难以实现。

（4）社会变迁时期的协调问题

在运用协调性原则评价社会运行时，有一种情况必须加以注意，这就是如何看待社会变迁时期的协调问题。由于社会运行的惯性、社会结构的稳定性和功能对结构的补偿作用，在社会运行中往往会出现这样的现象，即虽然社会结构已经失调或部分失调，但社会运行在表面上仍处于一种常态运行之中。而当人们为着改变不合理的社会结构，做出大幅度的结构性调整时，结构确实比过去协调了，但是，结构性调整所带来的社会震动，却使社会表面反而处于不协调与动荡之中。马克思主义认为，革命、新的社会制度的诞生、新的社会结构的建立，是要有分娩时的痛苦——"阵痛"的。在中国当前的经济体制改革中，我们也遇到了类似"阵痛"的现象。这种现象告诉我们，与其把改革设想得容易些，还不如把改革设想得困难些。这种现象还告诉我们，要想正确评价社会运行状态，就必须用全面的和发展的观点看待协调性问题，而不能用一时一地的某些不协调现象来否定结构调整和改革的必要性。如果这样做，无异于为了避免"阵痛"

而不准分娩。

综上所述，可以用表四来显示结构和功能的协调与社会运行的关系。

表四

协调性	良性运行	中性运行	恶性运行
结构性协调	协调至基本协调	出现较多失调，但尚处在基本协调的界限内	基本失调至严重失调
功能性协调	协调至基本协调	协调与不协调所占比例相近	不协调或不稳定的部分协调
结构与功能之间的协调	协调至基本协调	协调与不协调所占比例相近	不协调或不稳定的部分协调

3. 满足需要的原则

我们认为，在一定的历史时期和社会条件下，满足需要的程度是衡量这一时期社会运行状态的根本原则。

（1）满足需要的概念

一般地说，就人类社会而言，需要是个人、社会集团和整个社会对于维持和发展其自身活动的各种要求的总和。所谓满足需要的程度是指个人、社会集团和整个社会实现其生存和发展的条件所达到的水平。需要并不是一个纯粹的主观范畴。马克思主义认为，需要本身并不取决于个人的思想意识和心理感觉，而是取决于自然的、社会的、历史的、经济的和文化的等等客观条件。[①] 因此，人类所提出的需要并不是主观随意的，而是具有一定的客观确定性的；满足需要的程度也不是主观随意的，同样是具

---

① 参见马克思：《资本论》第 1 卷，人民出版社 1975 年版第 194 页；《马克思恩格斯全集》第 4 卷，人民出版社 1958 年版第 86 页。

有一定的确定性的，因而是可以度量的。

人类有多方面的需要。就基本方面而言，马克思主义区分了人类的自然需要与社会需要。自然需要是人作为有生命的自然物的需要，如食物的需要、御寒防热的需要、繁殖种族的需要等，它们主要受到人类新陈代谢规律的支配。社会需要是指作为社会的人所需要的一切。它是在人与人的交往中产生和发展起来的。自然需要是人类需要的基础，社会需要则反映了人类需要的本质特点。

人类的需要还可以区分为客观需要与主观需要。客观需要是与物质相联系的需要，它具有比较确定和容易度量的特点。它多与人类的基本需要、生理需要、经济需要相关联。如，人类对于衣、食、住、行的需要，健康的需要，劳动的需要以及职业的需要，收入与消费的需要，等等。所谓主观需要，是与人的精神活动相联系的需要，例如，人们有参加社会生活的需要，归属的需要，珍惜声誉、受尊重的需要，对于自身活动有自主、自决的需要，等等。这些需要具有不确定性的特点，其测量很难象物质需要的测量那样准确。

所谓满足需要包括满足自然的、社会的、主观的、客观的、物质的、精神的多种需要。满足需要的程度是通过上述多方面的需要得到满足的状况来衡量的。

需要不仅是多方面的，而且是历史地变化的。今日社会的需要与古代社会的需要有天壤之别；80年代中国的需要又与50年代中国的需要有很大不同。同样地，满足需要的程度也是与具体的社会、历史条件相联系的。在不同时代、不同社会条件下，表现同一满足程度的物品的质和量是不同的。例如，在自然经济条件下，水平并不很高的物质生活条件就可能基本上满足人的需要，而在高度发达的工业化社会里，比前者高得多的物质生活条件却不见得能满足人们的需要。因此，满足需要的程度是个相对的值，而不是一个绝对的值。不仅如此，就是在同一历史时期，由于主客观条件的变化与影响，人们的需要及其满足程度也会随之发生变化。但是无论需要及其满足程度如何变化，总是受到现实条件的限制的，人们不可能提出完全没有现实根据的需要。古代人虽然能幻想某些事物，但却提不出汽车、电视、电子计算机这样具体的需要。正如马克思指出："我们的需要和享受是由社会产生的，因此，我们对于需要和享受是以社会的尺度，而不是以满足它们的物品去衡量的。因为我们的需要和享受具有社会性质，所以它们是相对的。"①

综上所述，既然需要是多方面的、历史地变化的，因此满足需要的程度也必须多方面地、具体历史地去看待。

(2) 满足需要原则的必要性

为什么要用满足需要的程度作为衡量社会运行状态的根本原则呢？首先，人是社会的主体，人是社会活动的承担者和社会运行的推动者。所谓社会运行，也就是人类自身的运行。评价社会运行状态最终要用人类自身的状态来说明。而人类自身状态的直接标志就是人类需要得到满足的程度。其次，客观事物本身如果不与人类相联系就无所谓好与坏。社会运行，如果仅看成是纯粹客观的、与主观无联系的东西，那就难以说明其优与劣。衡量社会运行状态必须与作为主体的人的要求相联系。而满足需要的程度就是连接客观状态与主观要求之间的桥梁。最后，满足需要的程度也是前面所讲的两个原则的落脚点。第一个是综合性原则，按照此原则我们确定的是社会各个系统是否都处于最佳状态。第二个是协调性原则，按照此原则我们判明各系统之间是否彼此促进。但是，无论是综合性最佳状态还是协调性，都只是我们衡量社会运行的手段，而非我们的根本目的。

---

① 《马克思恩格斯选集》第1卷第368页。

马克思主义认为，共产主义者追求的目的最终是满足人类自身一切需要。[①] 与综合性、协调性相比，满足需要既是衡量社会运行的手段，又是我们追求的根本目的。

(3) 满足需要程度的衡量

这里我们仅从下述相互联系的两个方面来加以分析。

第一，满足需要的程度是合力作用的结果。人类的需要可以区分为个人的、群体的和社会的需要三个方面。这三方面需要在其内部以及三者之间都很难保持一致，在有些条件下甚至是根本对立的。例如，在阶级社会里，经济、政治、社会地位的重大区别，使人与人之间、阶级与阶级之间以及个人与社会之间的利益要求常常处于根本对立的状态。同一件事，对占统治地位的剥削阶级来说是较高程度的满足，而对被统治阶级来说，却可能是需要的被扼杀。在社会主义社会，随着作为一个完整阶级的剥削阶级的消灭，反映阶级冲突的根本对立的需要在社会上已不占主导地位。但是，这并不是说所有人的需要都完全一致了。在社会主义社会，人与人之间、一部分人与另一部分人之间常常会发生非阶级性的冲突，个人与社会的需要有根本一致的情况，也会有许多不一致。

既然如此，那么，怎样衡量整个社会范围内的满足需要的程度呢？我们认为应该找到各种不同需要的力的结合点。马克思主义认为，历史的创造是合力作用的结果，"最终的结果总是从许多单个的意志的相互冲突中产生出来的"[②]。人们的需要实质上是人们的利益要求，它们在相互冲突中也将最终产生一个总的合力。如果从某一特定历史时刻看，它就是一个力的结合点；如果作为历史过程看，它就是一条运动着的曲线。因此，所谓满足需要的程度，也就是接近于这样一条需要曲线的程度。

---

① 参见《马克思恩格斯全集》第3卷第287页。
② 《马克思恩格斯选集》第4卷，人民出版社1972年版第478页。

那么，这是不是说，在阶级社会里，衡量社会运行不仅要看被统治阶级需要满足的程度，而且也要看统治阶级需要满足的程度？事实正是如此。所谓社会的运行状态的优劣必须视社会上多方面的力量、利益集团需要被满足的程度而定，而不能只看某一集团的需要被满足的程度。列宁曾明确表述了这一思想——当社会上层与下层的需要都得不到满足时，作为一种合力造成了社会恶性运行。当然，马克思主义认为，广大人民群众是历史的创造者，占人口的绝大多数，满足需要主要是满足他们的需要。

第二，满足需要的程度是由基本需要、目标需要（包括现实目标需要和理想目标需要）和已实现的需要之间的关系决定的。所谓基本需要，亦称作"必不可少的需要"。马克思说："所谓必不可少的需要的范围，和满足这些需要的方式一样，本身是历史的产物"①。因此，它是指某一特定历史时期和社会条件下，人们满足自身要求的最起码的条件。如果全社会的基本需要得不到满足，那么社会就要发生动乱，进入恶性运行。目标需要是指人类期望实现的需要。人类永不会以基本需要的实现为满足，人类总要有超出基本需要的目标需要。目标需要是人类社会前进的动力。目标需要可以区分为现实目标需要和理想目标需要。现实目标需要是指某一特定历史条件下有可能实现的需要。理想目标需要是指由于生产力水平和各方面条件的限制，在当时无法实现的需要。理想目标不同于幻想目标。幻想目标是没有现实根据的空想，而理想目标在社会上是有根据的，只是条件不具备而已。一般说来当现实目标与理想目标比较接近时，人们的满足程度容易较高；而当现实目标与理想目标差距太大时，人们的满足程度就不会很高。例如，当政府或舆论宣传提出了与现实条件相距太远的目标

---

① 马克思：《资本论》第1卷第194页。

时，人民的生活水平即使有了一定程度的提高，但由于与他们心目中的目标还相距很远，往往会表现出较高的不满情绪。所谓已实现的需要，就是已经得到满足的需要，它与现实目标需要越接近，则人们需要得到满足的程度越高。如果用一个公式说明上述关系，可做如下表示：

$$\text{满足需要的程度} = \frac{\text{已实现的需要}}{\text{基本需要（必不可少的需要）} + \text{现实目标需要与已实现的需要之差} + \text{理想目标需要与现实目标需要之差}}$$

根据一般规律：现实目标需要＞已实现的需要，理想目标需要＞现实目标需要。

(4) 满足需要的程度与社会运行的类型

所谓社会良性运行有三个条件：第一，满足了基本需要；第二，逐步实现了现实目标需要；第三，理想目标需要与现实目标需要之间的差距较小。所谓中性运行，也必须是实现了基本需要，但与现实目标需要的满足尚有一段距离，而且理想目标需要与现实目标需要的差距比前者大一些（但还在允许值范围内）。所谓社会的恶性运行，或者是未能满足基本需要，或者是虽满足了基本需要，但与现实目标需要的差距太大，而且，理想目标需要与现实目标需要的差距超过了允许值的范围。

当然，社会运行状态反映在满足需要的程度上，它不仅表现为一种数值的范围，而且表现为一种发展趋势。即，所谓良性运行的发展是偏向现实目标和理想目标的方向前进的。而中性运行的发展则处于模糊状态，看不清其发展趋势。恶性运行是朝着满足需要程度更低的方向发展。

以上对如何区分社会运行类型的三个主要原则的探讨，是十分粗浅的。我们的目的与其说是提供答案，还不如说是提出问题。

二、社会学对象的理论方面

把社会学对象规定为社会良性运行和协调发展的条件和机制,对理解社会学本身的理论根据,明确社会学与其他社会科学的关系,确定社会学与各分科社会学的关系,认识社会学与"三论"(系统论、信息论和控制论)的联系,都具有关键性的意义。

(一)贯通社会学历史地形成的内容的一根主线

社会学历史地形成的研究领域和范围大体有:人的社会化、社会互动、社会群体、社会组织、社会制度、社会流动、社区、社会变迁、社会问题、社会控制、社会学调查研究方法、社会指标体系等。作为学科的社会学面临的一个理论困难,就是缺乏一根能把这些内容统起来、串起来的主线,因而在理论上不能自圆其说。过去不少社会学家,为把这些内容贯通起来作了许多努力,有的获得了部分成功,例如,我国已故著名老社会学家孙本文先生在他的《社会学原理》、《社会学体系发凡》等著作中,把社会学看作是研究社会行为的科学，认为社会行为的原理就是社会学的领域。他把社会行为作为社会学的基本出发点，由此推演出他全部社会学的理论体系。① 这在逻辑上可以，但不符合社会学产生的历史。因为社会学的产生，不论是从孔德开始的资产阶级社会学，也不论是从马克思开始的马克思主义社会学，并不是或并不主要是由于研究人的社会行为，而是由于回答当时历史地突出出来的资本主义社会运行和发展的有关问题。象孙本文先生这样在建立社会学体系上获得部分成功的社会学家，为数甚少。整个说来，在理论上把社会学全部内容贯串起来的努力，收效不大。现在看来，把社会学的对象规定为社会良性运行和协调发展的条件和机制，似较符合社会学产生的历史，又较能在逻辑上自圆其说，这就是说，它能较好地成为一根贯通社会学全部内容的主线。

社会学历史地形成的内容，大体可以分为三类：第一，有关着重从正面或正向探求社会良性运行和协调发展的条件和机制的内容；第二，有关着重从反面或反向探求有效地消除妨碍社会良性运行和协调发展的因素的途径的内容；第三，有关研究社会良性运行和协调发展、避免恶性运行和畸形发展的方法和手段的内容。让我们依次来看一看这三类内容。

1. 关于着重对社会良性运行的规律性作正向研究的内容

（1）人的社会化

人的社会化，简要地说，就是在特定社会中一个个自然人成为社会人的过程，一个个个体成为该社会合格成员的过程。这个过程始终是在社会

---

① 孙本文首先把社会行为区分为基本的社会行为和复合的社会行为两类，并以此为基础构成他的社会行为体系；然后进而据此推演出由下列五个问题或五个方面组成的整个社会学体系：1. 社会因素或社会行为形成的因素；2. 社会过程问题或社会行为表现的过程；3. 社会组织问题或社会行为表现的机构；4. 社会控制问题或社会行为表现的功能；5. 社会变迁问题或社会变迁的内容和方向。

和个人的相互作用中实现的。就我国的情况来说,社会化就是要把每个个人培养成有理想、有道德、有文化、有纪律的人的过程。这个过程从内容上看,包括学习生活和生产的基本技能(有文化),认识自己的角色地位和掌握该社会的行为规范、价值观(有理想、有道德、有纪律);从阶段上看,则包括儿童社会化、青年社会化、成人的继续社会化和再社会化。[①] 人的社会化主要可以从三个角度去考察,这就是:第一,从文化的角度,把社会化看作是文化延续和传递的过程,认为社会化的本质是社会文化的内化。第二,从个性的角度,认为社会化就是人的个性形成和发展的过程,社会人就是经由社会化过程而形成的具有个性的人。第三,从社会结构的角度,这一角度十分重视人与社会关系中的社会方面,认为社会化就是要使人变得具有社会性,认为角色承担是社会化的本质。人的社会化,不仅是人类文化、社会生活得以世世代代相传的主要途径,也是社会良性运行和协调发展的必要条件和重要机制。它历来为社会学家和社会心理学家所重视。

对我国社会主义社会来说,经过社会化把人培养成"四有"的社会成员,之所以是良性运行和协调发展的必要条件,是因为只有这样的社会成员才能很好地遵守社会的公德和法纪,才能自觉地按社会的规范行事,从而才能有正常的社会秩序,维持良好的社会运转。这方面我们不仅有正面的经验也有反面的教训。例如象十年动乱时期,没有这样的社会化,出现一批头上长角、身上长刺、不知道德和法纪为何物,只知"打、砸、抢"的造反派,那就势必造成社会的动荡,破坏社会的安定,根本谈不上社会的良性运行和协调发展。对此,我们都有切身之感、切肤之痛。

---

① "再社会化"有广义、狭义两种理解。广义的理解指在生活急剧转变中,一个人放弃或抛弃原来的生活方式而适应另一种对他来说全新的生活方式的过程。这种过程可以是自愿的(如专业的改变、国籍的改变等),也可以是被迫的、被强制的(如对罪犯的教化)。狭义的理解专指强制性的教化过程。这里,在广义的理解上使用此概念。

应当指出的是，人的社会化只是社会良性运行的必要条件，而不是充分必要条件。因为即使人人都是合格的社会成员，如果没有好的组织、好的制度，社会也仍然不能良性运行。如果从系统论整体大于部分之和观点来看，这更是不难理解的。因此，我们必须十分重视人的社会化，同时又不能说过头，否则，我们还要研究其他内容干什么呢？同样，说人的社会化是社会良性运行的重要机制，是说它是社会良性运行机制体系中必不可少的一环；它从微观的角度、从社会细胞的角度，为社会这个有机体的良性运行提供可能性。

而在研究社会化本身的机制时，我们还要深入研究家庭教育、学校教育、社会教育如大众传播工具（电视、电影、广播、报刊……）等在人的社会化过程中的作用，以便使这些教育手段沿着正确的方向有效地促进人的社会化，避免或尽量减少其中可能出现的副作用。

（2）社会角色

上面已经指出，人的社会化的一个基本内容是认识自己的角色地位。所谓社会角色是指围绕人的社会地位所规定的一套关于权利义务的行为规范或行为模式；换言之，是社会对一个处在一定地位的人的行为期待。角色问题是西方社会学已进行了细致深入研究的领域。例如，它按个人满足社会角色的程度，把角色分成理想角色（社会规定的角色）、领悟角色（各个人领会的角色）和实践角色（各个人实际扮演的角色）并分析了三者差距；按有无明确规定，把角色分为规定性的角色和开放性的角色；按是否计算报酬，把角色分为功利性角色和表现性角色等。它还提出和分析了角色集（或角色丛）、角色紧张、角色中断、角色冲突的概念。其中角色冲突又分为角色内部冲突和角色之间冲突两种，等等。

角色理论的重要性是使每一个人自觉地认识自己的角色地位。只有这样，每个人才能履行自己的角色权利和义务，才能在社会群体、社会组织里忠于自己的职守，坚持自己的岗位，完成自己所担任的任务，从而也才有可能使自己所在的组织以及整个社会体系达到良性运行和协调发展；否则，要维护有关群体、组织和社会的常态运行都很困难，更谈不上良性运行。同样，研究角色紧张、角色冲突的原因（如角色定义不清，多种角色过分集中于一人、角色过度等），提出解决的方法（如角色回避、进行有控制的角色选择等），以避免角色中断，甚至角色崩溃，归根到底有助于推进社会的良性运行。

（3）社会互动

社会互动是指人与人之间的交往和相互作用；或者也可以说，两个以上的人发生了依赖性行为。在西方，往往把个人与自我的相互作用，也包含在互动之内。社会互动，按两个人之间依赖性行为的方向，可分为假互动（双方形式的交往，其中没有什么实质性的依赖关系）、单向互动（一方主动、一方被动）和双向互动（双方相互依赖、相互制约）。其中双向互动，按诱发事件或形成互动的原因，又可划分为反应性的双向互动和依赖性的双向互动。上述按两人之间依赖性行为的方向来考察互动，主要是一种社会心理学的研究。社会学主要从社会行为方式来研究互动。由于社会行为方式无穷无尽，社会学者们企图归纳出主要的社会互动类型。如美国的派克和伯吉斯曾将主要互动方式归结为竞争、冲突、调适、同化 4 种。此外还有分为 6 种、13 种、38 种的。最少的也有分成结合和对立两类。将互动方式分得最细的是德国社会学家威斯，他先将互动分为分化的、整合的、破坏的和建设的四大类，然后每大类又依次分小类和次小类，结果竟细分为 650 多种。然而就大多数社会学教科书来看，一般都讲暗示、模仿、竞争、冲突、调适、同化、合作这几种，以及作为综合性的社会互动方式的集合行为。

暗示是一个人把自己的意向通过语言、动作和其他符号传达给他人并引起他人作出反应的互动方式。模仿则是对暗示所传达的意向作出反应的互动方式。所以暗示和模仿是两种互相对应的互动方式，彼此相辅相成。暗示可分为直接暗示和间接暗示两种。模仿则可分为无意识模仿、有意识模仿和合理模仿三种。暗示和模仿对社会运行和发展起着重要的作用。它们是传播和推广社会规范的有效手段，是使社会教化个人、实现人的社会化的有效手段，因而起着促进社会统一、维持良好的社会秩序的作用。它们又是传播和推广发明创造、继承优秀的文化遗产的有效手段，因而又起着推动社会协调发展的作用。

竞争和冲突，都是互相反对的互动方式。竞争是双方环绕一个目标而展开的，并且一般地说是其中有一方获胜的互动。按照不同的竞争对象和目标，可以把它区分为经济竞争、政治竞争、文化竞争、爱情竞争等等。按照不同的社会制度，则可以把它区分为资本主义社会中的竞争和社会主义社会中的竞争。这两种竞争的目的、性质、范围和手段都是有原则区别的，不能混淆。但不论那一种竞争，都有积极的一面和消极的一面。社会学研究如何发扬竞争促进社会良性运行的积极面，避免或限制妨碍社会良性运行的消极面。冲突是双方直接使用力量交锋的互动方式。有阶级的冲突和非阶级的冲突；有使用武力的冲突，如拳斗、械斗、仇斗、战争等，有不使用武力的，如口角、论战等。拳斗、械斗、仇斗，是缺乏理智的感情冲动，是不利于社会良性运行的，至于战争则要分清楚正义战争和非正义战争。但即使是正义战争，尽管它的积极作用是根本的，但它也有使人民的生命财产付出重大代价、造成生产力遭到破坏的消极的一面。口角也是缺乏理智的感情冲动，它是为了在精神上打击或侮辱对方，发泄自己的感情。口角虽然不直接使用武力，但往往是使用武力的前奏。论战是使用智力的思想交锋，即斗智。论战，包括口头辩论和书面辩论，是最文明的冲突方式。它可以促进学术思想的繁荣发展。西方的冲突理论，还分析了冲突的维护社会的功能。

调适和同化，是两种以解决冲突、适应变化了的社会环境为目的的互动方式。属于解决冲突的调适有和解、妥协、统治和服从等形式；属于适应变化了的社会环境的调适则有容忍、权变、突转、顺从等。如果说调适只是一个人有意识地改变自己的思想方法和行为习惯以适应环境，那么同化就是全部改变他原来的思想方法和行为习惯，完全变成另外一个文化单位或其成员。历史上的同化途径有通婚、移居、入侵、文化传播等。一个社会如果没有适当的调适和同化的互动机制，就会处于混乱、动荡状况。

合作是两个及以上人为达到共同的目标而相互配合的一种互动方式。合作可以区分为直接合作和间接合作、分工性合作和非分工性合作、结构性合作和非结构性合作。一个社会，如果没有合作，人们就无法生存，更谈不上社会良性运行。这一点对于分工越来越细的现代社会来说，情况更是如此。

集合行为这种综合性的社会互动方式，指不受现有社会规范控制的、没有明确目的和行动计划的群众行为。集合行为往往是随着非常事件之后出现的。例如象地震、洪水、大火等自然灾害之后出现的群众骚乱。其他的集合行为还有聚众闹事、暴动、种族冲突、游行示威、狂欢、谣言、赶时髦等等。要维护一个社会的良性运行，不仅应该能够处理常规的事件，而且能处理这一类非常事件。

（4）基本群体（或称初级社会群体、首属群体、直接群体）

社会群体是以一定的社会关系联结起来的人们的合成体。基本群体则是社会群体中，对各个个人来说关系最密切、最直接的群体。按照提出这一概念的美国社会学家库利的解释，基本群体有如下这些特征：它是一个人最初参与的群体；人数少规模小；经常地面对面互动；目标一致，内聚力、归属感强；对人的个性和生活目标的形成和发展给予最初的然而巨大的影响。基本群体有的是独立的，如家庭、邻里、小团伙、朋友群等，它们并不隶属于某个更大的社会群体。有的则不是独立的，它们是一个较大社会群体或组织的基层单位，如工厂的班组、机关的科室、部队的班排等。

基本群体除了有社会化的功能、满足成员的物质的和精神的需要的功能等之外，还有一个维持社会秩序、稳定社会的功能。基本群体是社会的基本单位，是社会安定的基础。如果社会的基本单位是稳定的，那么就能对整个社会起到稳定的作用，否则就会引起社会的不安定和动荡。为什么说离婚率高是社会不安定的标志之一呢？这是因为离婚率高，意味着家庭这个最重要的基本群体解组率高；而许许多多家庭解组，不仅影响许许多多人有秩序地生活、工作、学习，而且会酿成许多悲剧，引起青少年犯罪率的升高等。正因为基本群体有维持社会秩序、推进社会安定的功能，它也成为社会良性运行和协调发展的一个必要条件和机制。

(5) 社会组织

如果说，人的社会化、社会角色、社会互动、社会基本群体等，主要是对社会良性运行和协调发展的条件和机制所作的"细胞"分析或微观分析，那么，社会组织、社会流动、社会制度、社区等则是对社会良性运行的规律性的"骨骼"分析或宏观分析。

社会组织一般指次级社会群体（或称次属群体、非基本群体、间接群体）的主要形式，指人们为了有效地达到特定目标而建立的一种共同活动群体，这一群体有着清楚的界限，内部实行明确的分工，并确定了旨在协调成员活动的正式关系结构。

社会组织作为一种非基本群体，无论从成员个人来看还是从群体形态来看，都有跟基本群体明显不同的特点。第一，就成员个人来看，社会组织成员之间的互动具有片面性和间接性；社会组织成员之间存在着依附于职位的、先于互动的正式角色关系；社会组织成员之间异质性强，个性差异较大；社会组织成员在组织活动中感受到较强的约束和限制。第二，就群体形态来说，社会组织有特定的目标和宗旨，它们是组织生存的依据；社会组织有清楚的界限，这一界限不靠组织成员的主观认定，而靠清楚的客观标志加以标明；社会组织有发达的内部分工，以专业化来获得较高的工作效率；社会组织内部有正式的、稳定的关系结构，保证组织活动尽可能不受人事变动和成员个性等等不确定因素的影响；社会组织的规模要比基本群体大得多。总之，社会组织体现了两方面的趋势：从成员个人角度看，社会组织成员有一种非个性化或抽象化的趋势；从群体形态角度看，社会组织形态有一种形式化趋势。按照马克思主义的观点，社会生产力的历史发展必然要求人们社会关系的扩大和群体形态的发展。上述两方面的趋势正是满足了这个要求。

社会学除研究社会组织的含义、特点和分类以及社会组织的界限、环境和目标之外，还着重研究社会组织的结构和社会组织的管理。

一个社会组织的实际结构由两个分结构所组成：第一，以固定化、形式化的职位关系和部门关系为核心的正式结构；第二，以具体的人际交往关系为内容的非正式结构。之所以产生非正式结构，主要是因为现实的组织不可能把具体的人与人之间的关系完全限制在正式关系的范围内。对于组织的具体成员来说，初级关系和初级群体具有缓解、调和职位规范所带来的压力、满足自身多方面需求的作用。因此，初级关系的产生、个人需求与职位规范之间的不一致和冲突是任何社会组织都不能完全避免的现象。社会学把这种现象叫做社会组织中的次级关系初级化的自然倾向。这种倾向既有一定的积极作用，也有许多消极作用。

从这个角度看，当前我国组织结构中最普遍的问题是非正式结构冲击或破坏正式结构，从而妨碍了组织效率目标的实现。这种非正式结构的畸形发展有客观和主观两方面原因。首先，就客观方面看，我国长期处在封闭的自给自足式的农业村社中，人们十分重视家庭、家族、邻里、乡亲这些以血缘或地缘关系为纽带的初级群体，并且随之形成了一种传统心理，影响着整个社会意识。"在家靠父母，出门靠朋友"等俗话说明，人们习惯于把初级关系作为个人同社会接触时的一种必不可少的、具有保护性作用的心理依托。因此，人们自觉不自觉地倾向于在各种场合发展初级关系。"十个公章不如一个熟人"的怪现象，就是这样出现的。同时，我国长期的封建统治形成了种种陋习，如裙带风、枕头风、拉山头、搞宗派、"一人得道、鸡犬升天"等等，这些陋习也助长了社会组织中非正式结构的发展。其次，从主观方面看，长期以来我们没有开展对组织结构的科学研究，对于非正式结构，或者是视而不见、任其发展，或者是当问题明显暴露时，则斥之为"阶级斗争新动向"，斥之为小帮派、地下组织，扣帽子、打棍子，批判一通了事，结果还是于事无补。同时，政策上的某些失误，如前一段执行的顶替政策，为外界初级群体关系向组织渗透敞开了大门。在具体解决上述问题时，可以参考以下几种办法：第一，调整政策，完善劳动力和人事管理制度，控制血缘关系、亲戚关系从外界向组织内部渗透。第二，充分利用职位关系的可置换性，对已经发现确有弊端的非正式结构通过人事调动加以拆除和改组。第三，加强对组织成员进行目标教育和职位规范教育，使其内化为自身需求，从而使成员在公务活动中能够自觉地排除非正式关系的干扰。第四，不可过分限制那些无损于工作而有利于团结的、正常发展起来的人际关系和初级群体。第五，鼓励有助于提高组织效率的非正式关系和初级群体，及时发现这类群体中的潜在领袖，将其安置在正式领导岗位上，使两种结构获得形式上的统一。

　　社会组织的管理指协调组织内部人力、物力以实现组织目标的活动。它可以从管理的主体和管理的客体两个方面进行考察。

第一，从管理的主体上看，有两种管理方式：人的管理（人治）——家长制和规则的管理（法治）——科层制。家长制是一种以人为管理主体的管理方式，这种管理方式与组织内部的初级关系有着密切的联系。家长制的特点是：任人唯亲、因人设位；分工不明、责任不清；权力不分、高度集中；办事无章可循、无法可依；终身制。在我国社会组织中，由于组织结构上各种初级关系和初级群体大量存在，人们很容易接受家长制的管理。家长制一方面依赖于非正式结构，另一方面又强化了非正式结构。结构和管理之间形成了某种程度的恶性循环，这种状况对组织系统的协调运行十分不利。改革管理方式应当同调整组织结构结合起来，家长制是改革中必须淘汰的一种管理方式。科层制是一种以正式规则为主体的管理方式，它与现代组织的正式结构相联系。科层制的主要特征是：根据管理需要而建立一套所有组织成员认可和严格履行的规则；管理职能明确分工；管理权力层层分布；私人关系和公务关系隔离；管理权力依附于职位，而不依附于个人。以规则为管理主体的科层制在一定程度上排除了管理活动中的不确定因素，在协调组织活动、实现组织目标方面起着积极作用。在改革中，我国各类组织的管理由程度不同的家长制转变为科层制是不可避免的趋势。

避免官僚主义是组织管理制度的一个重要问题。所谓官僚主义，泛指一切管理失调的现象，凡由于管理不善而造成组织活动偏离目标的现象都可以叫做官僚主义。无论是家长制还是科层制都有可能产生官僚主义。由家长制产生的官僚主义主要表现为：遇事推诿、敷衍塞责、热衷于谋取私利、不关心群众痛痒、市侩主义、一言堂等等。由科层制产生的官僚主义则主要表现为：浮夸习气，迎合上司，造成信息失真度逐级增加；受规则限制，缺乏灵活性，造成墨守成规，泯灭人的主动性和革新精神；繁文缛节，规则套规则，造成规则越来越多，文山难平；管理部门陷入事务堆中不能自拔，会海难填。这些都是科层制在发挥积极功能时产生的反功能。在我国各类组织中，两种形式的官僚主义都程度不同地存在着。我们既要与家长制官僚主义作斗争，又要与科层制官僚主义作斗争。

第二，从管理的客体看，对实际管理活动有两种主张：理性模型学派主张管理是对规则的管理，而行为学派则主张是对人的管理。之所以对管理客体有两种不同的理解，根源于对人的两种不同的看法。一种看法叫 X 理论，认为人是一种理性的经济人，只具有生理、安全两种需要。因此信奉 X 理论的理性模型学派认为，利用物质上的奖惩手段就能把人控制在一定的规则范围内，而在规则范围内的活动可以达到组织的最高效率。另一种看法叫 Y 理论，认为人不仅有生理、安全这两种低层次的需要，而且还有社交、自尊、自我实现这三种高层次的需要。因此人是一种具有多层次需要的社会人。在低层次需要尚未满足时，利用物质奖惩手段来提高组织工作效率还能奏效。一旦低层次需要满足后，其他需要就变得迫切和突出了，这时要想继续提高组织效率，就必须注重满足人们高层次的需要。信奉 Y 理论的行为学派模糊地意识到资本主义社会的组织目标与成员目标的矛盾和冲突，试图通过强调满足人的多层次需要来缓和这一矛盾。这在一定意义上说比理性模型学派前进了一步。但其根本目的，是为维持资本主义社会的社会组织，特别是经济组织的高速高效运转，使被管理者心悦诚服地为资本主义的社会组织效力。在我国社会主义制度下，社会组织的目标和组织成员的目标归根到底是一致的。我们总结自己的管理经验和教训，借鉴西方组织管理的成功经验，可能而且应该比资本主义社会做得更好。

总之，社会组织是一个有机系统，只有组织的环境、目标、结构、管理等各个方面相互影响、相互贯通，共同对组织系统的运行发生影响，才能促进社会组织系统的良性运行。社会组织是现代社会中占主导地位的群体形式，现代社会可以说是高度组织起来的社会。大规模的组织掌握着社会的资源、财富和权力，有效地指挥和控制着人们的行动。因此，社会组织的健全程度对社会能否良性运行影响极大。与初级群体相比，社会组织是社会良性运行更为重要的条件和机制。

（6）社会阶级、社会分层和社会流动

社会地位结构和社会组织一样，也是宏观社会结构的要素之一。社会阶级、社会分层是对社会地位结构的静态的研究；社会流动则是对社会地位结构的动态的研究。

马克思创立了科学的阶级理论。这个理论指出：阶级现象与生产力发展的一定阶段相联系，并以私有制的存在为前提；划分阶级的标准是人们在生产关系中所处的地位，主要是对生产资料的占有关系；阶级结构是私有制社会的基本结构，阶级斗争和社会革命是推动私有制社会结构变化的根本动力；无产阶级和资产阶级是社会历史上最后的两大对立阶级，无产阶级的历史使命是消灭资产阶级，铲除滋生阶级和社会不平等的根源——私有制，建立以公有制为基础的社会。马克思的阶级理论至今仍是我们考察、研究私有制社会基本结构的思想武器。但是应当注意的是，马克思提出阶级理论时，世界上还没有建立在公有制基础上的社会。马克思的理论主要是革命批判性的，其根本目的是破坏旧世界，至于消灭了阶级对立的公有制社会中各种社会差别的性质以及差别对社会运行的影响，特别是如何从维护建设性的角度研究新社会协调发展的机制，马克思没有也不能提出具体的看法。而这正是今天马克思主义社会学的任务。

分层理论是现代西方社会学的重要课题。西方社会学界也认识到资本主义社会是一个充满不平等的社会，过度的斗争和冲突会引起社会动荡，形成社会运行的障碍。出于维护的目的，他们十分重视研究社会分层现象，提出了形形色色的分层理论和分层模式，用以描述社会差异，认识各层人们的社会表现，以便影响社会改革政策的制订和预测社会不平等现象发展的趋势。其中最有影响的分层模式有：韦伯的经济、声誉、权力三位一体的分层模式，布劳-邓肯的职业分层模式以及达伦多夫的权力分层模式。

马克思的阶级理论和西方分层理论，都是对资本主义社会的垂直分化和不平等现象进行的研究，但二者的目的正好相反。马克思的阶级理论揭示：在生产力发展到社会化大生产阶段，私有制、阶级剥削和社会不平等会越来越妨碍社会系统的运行。因此，必须对私有制进行"武器的批判"，建立以公有制为基础的社会，以促进社会的良性运行。而西方分层理论则是在不触动私有制的基础上改良社会运行机制，控制和防范由社会不平等造成的动荡局面，以便维持一种无产阶级可以接受的社会不平等的格局。

对待西方分层理论，一方面必须如实指出它是为维护资本主义服务的；另一方面又必须承认，它缩小社会不平等差距的做法和经验，它提出的某些分层方法，如主观法、声誉法、客观法等，在我们维护和改善社会主义社会的运行时，是可以借鉴参考、为我所用的。

社会流动有广义、狭义之分。广义的社会流动是指个人社会地位结构的改变；狭义的社会流动则是指人的职业地位的改变，因为职业地位是个人地位结构中起主要作用的地位。社会流动有各种类型：根据流动的方向，可以把流动分为水平流动（同一层次内部流动）和垂直流动（不同层次之间的流动）；根据流动的不同参照基点，可以把流动分为一生中的流动（个人一生中的地位升降）和代际流动（异代流动）；根据流动的原因，可以将流动分为结构性流动（原有社会结构变化引起人们社会地位的变化）和自由流动或非结构性流动（个人原因所造成的社会地位的变化）。

合理的社会流动也是社会良性运行的重要机制。这是因为：第一，它有利于消除固定化的社会不平等，包括观念上和事实上的不平等，以流动和循环造成动态的流动式不平等，有助于社会安定；第二，它有利于激发个人的进取性，人尽其才，才尽其用；第三，有助于拓宽社会各层次之间的接触面，促进它们的相互了解，加强社会的整合性。总之，社会流动尽管是各个个人的行为，但它不仅对个人有意义，而且对整个社会结构也会产生影响。

(7) 社会制度

社会制度，主要指社会规范的体系或系统。政治制度，就是由一套政治规范构成的体系。其他如经济制度、家庭制度、教育制度、宗教制度等等，也无不如此。单个的规范不构成制度。为了说明单个规范与作为规范体系的制度之间的联系，人们常常使用"制度化"的概念。所谓制度化，主要指把各个分散的规范有机地组织起来构成一个体系。因而制度化的程度，主要指各个规范构成规范体系的程度。制度化也被引申用来表达标准化、规范化、固定化等意思。"制度"一词，通常既用来指整个社会形态，如封建制度、资本主义制度、社会主义制度，这是广义的社会制度；又用来指社会各子系统以及其他具体的社会制度，如经济制度、政治制度、文化制度、法律制度、教育制度、家庭婚姻制度等，这是中间意义的社会制度；也用来指各种社会实体的规章制度，如作息制度、奖惩制度、晋升制度、退休制度等，这是狭义的社会制度。社会学研究的重点，是中间意义的社会制度。

社会制度除具有普遍性、特殊性（变异性）、阶级性等特点之外，最显著的特点是它的相对稳定性。这是指：制度，特别是根本制度一旦确定，一般是不会轻易变动的。制度的这一特点，是与它作为规范化的社会结构的构成分不开的。制度的构成要素大致分四部分：主导观念、规则、组织和设备。主导观念决定一种制度的基调，是它的价值观的集中表现。例如资本主义经济制度的主导观念是"私有财产神圣不可侵犯"的私有观念，社会主义经济制度的主导观念则是生产资料的公有观念。规则、组织和设备（包括物质的设备和象征的标志）都是围绕这个主导观念而规定下来的或为实现这个主导观念服务的。主导观念、规则以及实施和保护它们的组织和设备都是长期形成和完善的，具有稳固性。这决定了制度这种社会结构较之于其他社会结构有更长的寿命。但是制度的稳定性，从历史的眼光看，毕竟是相对的。当经济制度不再适应生产力发展的要求的时候，政治制度不再适应经济基础要求的时候，它们迟早要作为社会发展的桎梏而被打破。

社会制度和其他一切社会结构一样，具有满足社会需要的一般功能，同时又具有自己的特殊功能：第一，限制的功能，即把人们的社会活动，包括生活、行动、行为等，限制在一定的范围之内，纳入一定的轨道之中。制度使人按一定的规矩行事，告诉人该做什么、不做什么，从而维持社会秩序，保证人类共同生活的进行。第二，整合的功能，即调节人与人之间、人与社会组织之间以及社会组织与社会组织之间的关系，使社会能够作为有机的整体而运转。第三，传递的功能，即制度是传递社会文化、促进文化发展的最有效的途径。制度除了上述正功能，也具有反功能。反功能产生于制度的保守性的、惰性的一面。制度的限制功能，无疑能限制人的消极的行为，但也可以限制人的积极行为。所谓反功能，就是制度对人的积极行为的限制。我们今天进行体制改革，就是因为我们体制的反功能，已经严重到成为普遍关注的社会问题，影响了社会的运行和发展。防止制度的僵化，甚至腐化，是值得十分注意的问题。

制度与制度之间具有相关性。这有几种情况，第一，相互促进，例如政治上的民主制度，促进了学术领域的民主制度，等等；第二，相互抵消，例如，知识分子工资偏低的工资制度，影响了党和国家重视知识和知识分子的教育制度、科技制度，等等。社会的良性运行，最重要的是要由制度与制度之间的相互协调、相互促进来保证。

(8) 社区

社区作为社会的一个部分，它本身的状况如何、社区间特别是城乡社区之间的关系如何，对社会整体的良性运行和协调发展关系极大。社会学家对社区的理解分歧甚大，定义多至上百种。我们认为，所谓社区，是以一定的社会活动及互动关系为基础，有一定的地域界限并有共同的行为规范、生活方式和归属感的人类生活群体。社区与社会既有联系，又有区别。从二者的外延上看，社区作为地区社会，是社会的一部分；从内涵上看，社区比社会有更强的共同性（共同的行为规范、生活方式、社区意识等）、共地性（共同在一定的地域活动，社区空间是社会空间和地理空间的结合）、共生性（共同生活）以及更高的专门化程度。社区按历史发展的水平可分为传统社区、发展中社区和现代社区三种类型；按空间特征，也可划分为法定社区（行政区划规定的社区）、自然社区（城市、乡村、自然林区等）、专能社区（经济特区、工业社区、文化社区等）。其中，以空间特征划分的城市社区和乡村社区一直是社区研究的主要分析单位。当前我国城乡社区大体有几种主要形态：

城市（都市）社区。它是指在特定区域内，由从事各种非农业劳动而有各种社会分工的密集人口所组成的社会。城市社区的特点是：第一，人口集中，构成复杂；第二，经济活动频繁；第三，具有各种复杂的制度、信仰、语言和多样化的生活方式；第四，具有结构复杂的各种群体和组织；第五，家庭的规模缩小、职能减少，血缘关系不甚密切，人际关系比较松散；第六，由于城市活动多样复杂，人口集中，容易引起社会病态现象及社会问题。一般从人口规模上，城市可划分为大、中、小城市。

乡村（农村）社区。它是指居民以农业生产为主要谋生手段的区域社会。它区别于城市社区的主要特点是：第一，人口稀疏，少流动；第二，经济活动简单；第三，生活方式比较传统，旧风俗、旧道德、旧习惯影响较大；第四，组织结构简单，职业分工远不如城市复杂；第五，家庭在乡村生活中起着大得多的作用，我国实行以户为单位的生产责任制之后，家庭的职能更加扩大；第六，人际关系密切，血缘关系浓厚。在我国乡村中，最主要的社区形态是村落。

小城镇（乡镇）社区。它是一种"比农村社区高一层次的社会实体的存在，这种社会实体是以一批并不从事农业生产劳动的人口为主体组成的社区。无论从地域、人口、经济、环境等因素看，它们都既具有与农村社区相异的特点，又都与周围的农村保持着不可缺少的联系"①。

城乡联合社区。它是城市和乡村社区的结合。在我国主要表现为市带县的法定社区。

社区研究的方法可以分为两类，一类是社区调查方法，另一类是分析方法。社区调查是社区分析的基础，它一直是社区研究的基本方法。分析方法，是指从不同的研究观点对社区进行剖析。例如，着重于探讨人类与环境关系的人类生态学（人文区位学）的研究方法；着重于从文化角度探讨社区的社会人类学研究方法；以及把社区看作一个互动系统的社会体系的研究方法。

研究社区的协调发展，离不开社区构成要素及其相互关系。我们认为，社区的构成主要包括五个要素，即地域环境、人的因素、文化、社区活动和时间。社区地域环境包括地理环境、资源环境和人工环境三部分。它们对社区的兴衰影响甚大。社区地域环境的建设主要是协调好两方面的关系：一是社区自然环境（地理的和资源的）与人工环境的关系；二是地域环境与社区其他构成要素的关系。人的因素包括人口、社会群体和个人体系。其中个人体系又由人格、心理和态度取向构成。人的因素的合理发

---

① 费孝通：《论小城镇及其他》，天津人民出版社 1986 年版第 18 页。

展,就人口来说,包括人口数量增长与社区发展的协调,社区人口比例的协调,人口素质与社区发展的协调,人口布局的协调以及人口流动与社区开发建设的协调。文化,包括物质文化和精神文化。一个社区除了有主流文化,往往还有亚(副)文化、反文化。亚文化通常与社区主流文化一致或者说属于主流文化,但同时又具有独特文化特质的价值标准、规范和生活方式。亚文化对社区的影响不容忽视。例如,在对城市犯罪青少年的调查中发现,其中有相当大比例的人生活在父母离异、早亡或不和的家庭中,使这些孩子缺少一个好的家庭亚文化圈的熏陶。反文化指与主流文化相对立的文化。对于反文化,应当加以具体分析,简单地肯定或否定都是不妥的。社区文化的协调发展要正确处理好下列关系:社区传统文化与现代文化的关系;精神文化与物质文化的关系;城乡文化的关系;本地文化与外来文化的关系。社区活动,主要指社区的经济、政治和日常活动。社区活动的协调发展,要求经济发展的速度和规模,与社区的资源、能源环境等相适应,要求建立社区合理的政治管理组织与制度,让居民积极参与管理,要求以不断满足居民的日益增长的物质与文化生活的需要为基本目标。社区时间主要指社区时间的分配,这种分配关系包括两个方面:一是秩序,二是比率。"秩序"指一天中先干什么后干什么的时间顺序。时间顺序有一些是公共的,要求人们共同遵守;还有一些是个人在生活中形成的习惯。"秩序"本身就是一种效率。"比率"指一周或一天中各种时间(工作、娱乐、休息等)的比重。时间无论从量上和质上都是可以开发的。时间的开发,从时间本身来说主要是通过建立合理的时间秩序和比率来实现的。相对于工作时间,社会学家更注重闲暇时间的开发和利用。闲暇时间又叫空闲时间、自由时间,指一天中每人除工作时间、满足生理需要的时间(睡眠、吃饭等)、家务劳动的时间和上下班往返时间外,其他可供自己自由支配的时间。所以闲暇时间不等于八小时之外的非工作时间,而是非工作时间的一部分。随着社会发展，闲暇时间越来越重要，它是衡量社会财富和社会发展程度的一种尺度，它的开发本身就是这样那样创造财富的过程。在我国，开发社区闲暇时间的重点应是：提高社区的生产水平和劳动生产率，在条件成熟时，缩短居民的工作时间；搞好社区的各种家务服务工作，建立必要的服务设施和组织，尽可能缩短居民的各种家务劳动时间；发展城市交通，合理布局住宅区，尽可能减少居民上下班的往返时间；建立社区各种文化设施，发展业余教育，提高广播电视的质量和普及率，从而使居民在闲暇中有更多的机会获得更多的信息和知识。所有这些对促进社区良性运行都是不可忽视的。

(9) 社会变迁

如果说前面所述基本上都是对社会良性运行的规律性的静态分析，那么，社会变迁则是它的动态研究。"社会变迁"，是一个表示社会变化过程的含义广泛的概念。凡是社会的生态环境、人口、社会经济、社会组织、社会制度、社会价值观念和社会生活方式等等的变化，都可以叫做社会变迁。

社会学和历史唯物主义都研究社会变迁，马克思主义社会学无疑是在历史唯物主义指导下来研究社会变迁的，但这二者的研究仍然是有区别的。历史唯物论作为世界观和方法论着重研究一切社会的变迁，研究社会变迁的根本原因，研究社会变迁的一般规律；社会学作为具体的社会科学则研究某一特定社会的整体的以及局部的变迁，研究特定社会整体和局部变迁的各种原因以及社会结构各构成要素之间的相互作用、相互制约对该社会变迁的影响，研究某一特定社会变迁的条件和机制。

现代社会变迁除了具有因果性、系统性、多样性以外，还有一个变化速度大大加快的特点（加速性）。这一特点主要是由新科技革命造成的。如何认识和把握现代社会变迁的特点，促进社会主义社会的良性运行，已成为我国社会学面临的新的重要课题。

社会变迁，按其规模来说，可分为整体变迁和局部变迁；按其性质或方向来说，则可分为进步的社会变迁和倒退的社会变迁；就变迁的形态来说，可区分为进化的社会变迁和革命的社会变迁；按人参与和控制的程度来说，可分为自发的社会变迁和有计划的社会变迁。

社会现代化，自近代以来，首先在西方国家成为社会变迁的主流，第二次世界大战后又越来越成为发展中国家的主流，从而终于成为一股世界性的潮流。社会现代化是指社会在科学技术发展的带动下，以经济发展为基础，包括社会组织、社会文化和社会生活等各个方面的全面发展。这是一种特殊的社会变迁。对发展中国家来说，现代化绝非"西方化"或"欧洲化"。由于各国历史条件、面临的国际环境、现代化起步时的发展水平、文化传统和社会制度的不同，发展中国家绝不能照搬西方国家现代化的模式。对发展中国家来说，在现代化过程中，必须处理好"现代化"与"传统"的关系，理解社会现代化乃是一个对本国传统既批判又继承的过程，任何片面的观点都是有害的。

改革是我国社会实现现代化的必由之路。这是因为改革是社会主义社会发展的要求，是社会主义社会自我完善的主要方式，是把握新技术革命给我国现代化建设带来的机会、应付这一革命向我们提出的挑战的有效手段。只有通过改革，调整和变革我国社会各要素之间不断出现的各种不协调、不适应的关系，才能形成新的社会良性运行和协调发展。

2. 关于着重对社会良性运行的规律性作反向研究的内容

（1）社会问题

社会问题是各国社会学家十分重视的社会学课题。对社会问题，各家看法很不一致。我们认为，所谓社会问题，从社会运行和发展的角度看，就是社会关系或社会环境失调，影响社会全体成员或部分成员的共同生活，妨碍社会运行和发展，并引起社会广为注意的社会现象。具体说来，社会问题的构成需要以下四个条件：第一，必须有一种或几种社会现象产生失调的情况；第二，这种失调必定影响许多人；第三，这种失调情况必须引起许多人的注意，即得到社会的公认；第四，这种失调又必须通过社会力量才能得到解决。大体说来，社会问题具有五个特性：普遍性、变异性、复合性、周期性和潜伏性。

社会问题的普遍性，包含空间和时间两个方面。空间的普遍性指各个社会、各个国家、各个民族都有自己的社会问题。发达国家有社会风尚、社会犯罪等突出问题，不发达国家则有人口、环境和贫困等突出问题。不仅资本主义国家有社会问题，社会主义国家也有社会问题。在这个问题上，我们必须面对社会现实，改变几十年来事实上否认或至少不敢讲社会主义国家有社会问题的片面认识。实际上，社会问题的多少，损害程度的轻重，不是由人们的主观愿望决定的，而是各种社会力量和因素相互作用的产物。我国的历史经验已经表明，社会主义国家不仅存在社会问题，而且有些问题在有些时候可以达到非常严重的地步。我们应当有这样的认识：敢于正视和揭露自己存在的社会问题，对整个国家来说，是有信心和力量的表现；对社会科学工作者个人来说，则是对社会有强烈责任心的表现。时间上的普遍性是指一个社会过去有、现在有社会问题，将来也会有社会问题，即使到了共产主义社会，也不可能没有社会问题。社会问题的变异性，指在不同的地点、时间，社会问题各不相同。美国、苏联和我国的社会问题各不相同，而就我国来说，旧中国和新中国的社会问题又各不相同。这就要求我们对不同社会制度下及其不同阶段的社会问题作具体分析。社会问题的复合性，指社会问题产生上的多因性，存在和表现方式上的重叠性，社会后果上的多果性。所以对社会问题必须综合治理，任何简单化都是不能解决问题的。社会问题的周期性，主要指社会问题的反复性，即已解决的问题在条件具备时可能重新出现。这说明，社会问题的解决并不是一劳永逸的。此外，社会问题还有潜伏性，即社会问题的明显暴露，并为大家所认识，要经过一个潜伏过程。因此，社会学家的任务不仅是要解决现存的各种社会问题，更应善于观察和发现潜在的社会问题，尽可能地减少它们对社会的危害。

我国当前社会运行和发展面临的社会问题，最主要的有人口问题、生态环境问题和由封建遗毒引起的各种社会问题。努力解决这些问题，消除它们的影响，必将对我国社会走向良性运行和协调发展，起到巨大的促进作用。

人口问题和粮食、能源、自然资源以及环境保护问题一起，构成当今世界面临的五大问题。对我国来说，人口问题更是当前和今后相当一段时间内的社会问题的核心，是社会运行和发展的主要障碍。过量的人口使社会在提供现有人口生活条件和提高人民生活水平方面，遇到了巨大的困难。具体表现在：人口压力造成就业困难、人口增长与生活必需品增长不协调、住房紧张、燃料短缺等问题；人口压力还造成消费和积累的比例失调、生态环境的破坏、全民族文化水平的下降、人口老化等问题。人们越来越认识到，我国社会生活和社会发展中所遇到的种种问题，无不直接或间接地源于我国巨大的人口压力。人口问题的基本类型可以划为四种：第一，人口生物问题，指由于食品、营养、疾病、保健等原因引起的影响人口生理素质变化而造成的人口问题；第二，人口生态问题，指人们生活范围内的自然环境与人口出现失调以及工业化、城市化的发展对人类生态系统的破坏，影响人们正常生活而引起的人口问题；第三，人口经济问题，主要指人口发展与经济发展不相适应、人口再生产与物质资料生产比例失调而产生的劳动就业、消费水平、生活质量问题；第四，人口社会问题作为人口问题的一种类型，不同于作为社会问题的整个人口问题，它指人口发展与非经济的社会发展不相适应，即社会总过程中人口过程与社会过程之间相互关系失调而影响社会生活正常进行的那些人口问题。由对人口社会问题的研究产生了人口社会学这门边缘性的分支学科。当前，独生子女问题，改革中出现的人口社会构成、人口迁移、人口城市化以及人口素质等问题，是我国人口社会学面临的一些主要课题。

生态平衡是人类社会存在和发展的最基本的物质条件之一。所谓生态平衡是指有生命的生物群体与无生命的环境条件之间能量转化和物质循环的相对稳定状态，是指人类同自然界的各生态系统之间能量交换和物质循环的输入量和输出量的相对稳定状态，以及生物群落的组成和各个物种的种群数量所处的相对稳定状态。这种生态平衡遭到大规模的这样那样的破坏，就形成生态环境的社会问题。我们对生态平衡的重要性的认识经历了一个缓慢的过程。在相当一段时间，城市浓烟滚滚、车水马龙，乡村开荒种地、围湖造田，成为我们引为骄傲的东西。同时，我们把生态环境问题看得很窄，仅仅是从资源利用的角度，如变"三废"为财富。1973年我国召开第一次全国环境保护工作会议时，考虑问题的范围和角度已从工业扩大到农业、从城市扩大到乡村、从环境扩大到人民健康。但是由于种种原因，环境污染、生态破坏非但没有得到控制，事态反而越来越严重，我国成了世界上生态环境问题最严重的国家之一。现在，生态破坏、环境污染已经成为我国社会运行和发展的重大障碍。我国生态环境问题还有这样几个特点：第一，我国生态环境的破坏是在社会尚未充分发展的情况下出现的，环境养护和社会发展的矛盾十分突出。第二，巨大的人口压力，既加剧生态环境的不平衡，又大大制约着向保护环境、维持生态平衡的大量投资。这些特点，增加了解决生态环境问题的难度。我们应当清醒地看到，现在我国社会问题的核心是人口问题，只要我们坚持计划生育的国策，经过一个较长的周期之后，人口问题得到控制，未来的社会问题的主要矛盾将集中到生态环境问题上。而且，这一问题如不从现在起就开始注意解决，将会给社会带来几倍于人口问题的破坏。为此，加强对社会—生态环境系统的社会学研究，是十分必要的。

官僚主义现象、权力过分集中现象、家长制现象、干部领导职务终身制现象和形形色色的特权现象等是我国社会中由封建遗毒引起的种种社会弊端。邓小平同志指出：这"种种弊端，多少都带有封建主义色彩"[1]。它们对我们社会的运行和发展的不良影响，最为直接、最为明显，群众的反应也最为强烈。它们对现实社会生活的危害，主要表现在下述几个方面：第一，党内带有普遍性的严重不正之风，无不与此有关系。封建遗毒是官僚主义、以权谋私、任人唯亲、裙带风、显示特权等不正之风的主要根源。第二，极大地妨碍了社会主义民主和法制的确立。第三，极大地妨碍了改革的顺利进行。如果我们不努力从思想上、组织上摆脱封建残余的羁绊，改革难以深入，改革的社会主义方向也难以保证。因为封建遗毒往往也会打起"改革"的招牌而使改革"走样"、"变形"，从而既保护自己，又败坏改革的声誉。第四，极大地妨碍了全民族科学文化水平的提高。封建遗毒在我国根深蒂固，几乎渗透和残留在社会的每个角落。在我国现代化进程中，如不时刻注意清除这种遗毒，那么它就会引起各种社会问题，并跟资产阶级影响汇合在一起，严重阻碍和破坏我国社会主义社会的运行和发展。为了与封建遗毒作斗争，为了更好地解决封建遗毒引起的社会问题，首先，要实事求是地划清四个界限：划清社会主义同封建主义的界限，决不允许借反封建主义之名来反社会主义，也决不允许用"四人帮"

---

[1] 《邓小平文选》第294页。

所宣扬的那套假社会主义来搞封建主义；划清文化遗产中民主性精华同封建性糟粕的界限；划清封建主义同我们工作中由于缺乏经验而产生的某些不科学的办法、不健全的制度的界限，不要不加分析地把什么都说成是封建主义；划清封建主义残余比较严重还是资产阶级影响比较严重的界限，这二者在不同的地区和部门，在不同问题上，在不同年龄、经历和教养的人身上，情况不同，不能一概而论。在这个问题上要反对两种倾向：讳言反封建主义，似乎一提反对封建主义，就是赞成资本主义；或者以封建主义来反对资本主义。其次，要改革和完善党和国家的制度，这是肃清封建遗毒、解决由封建遗毒引起的社会问题的最重要的战略措施。再次，对广大干部和群众来说，进行肃清封建主义残余影响的自我教育和自我改造。这是另一项战略措施。

总之，为什么要研究环境、人口以及其他种种社会问题？是为了研究这类问题产生的根源，寻找解决这些问题的有效方法和措施，排除社会生活中的故障，尽可能化消极因素为积极因素，防止人类生存的自然条件、生态环境受到破坏，使社会不致发生失调、失控，或使失调、失控限制在最小的范围内，从而从相反的方向保证社会的良性运行和协调发展。

（2）偏离行为（越轨行为、反常行为）

偏离行为指违反社会规范的行为。与偏离行为相对应的是遵守社会规范的规范行为。偏离行为主要有以下几类：第一，犯罪行为，这是一种特殊的也是最严重的偏离行为。构成犯罪有三个基本条件：犯罪是一种对社会有危害性的行为；这种危害性须达到触犯刑律即违法的程度；这种违法的危害社会的行为又须达到应受到刑罚处罚的程度，并且犯罪主体具备接受惩罚的责任能力。这三者缺一则不构成犯罪。第二，违法行为。它或者是虽已触犯法律，但情节轻微危害不大的行为（轻微违法行为）；或者是从客观要件上看虽已构成犯罪，但犯罪主体是未成年人，也不构成犯罪的行为（青少年罪错行为）。第三，违警行为，指违反有关维护社会治安和公共秩序的规则、规定、条例的行为。第四，违反其他社会规范的行为，例如违反道德规范的行为，与违警、违法和犯罪行为均不同。

偏离行为与社会问题有区别，又有联系。偏离行为未必构成社会问题，但它一旦成为一种普遍现象，影响或危及多数社会成员的生活并成为他们共同关心和注意的问题的时候，便成为社会问题。例如，酗酒或酒精上瘾，是一种偏离行为，但酗酒成风，便是一种社会问题；自杀是社会的偏离行为，但自杀率很高，便成为社会问题。社会偏离行为产生的原因可以从主观和客观方面去寻求。从偏离者主观方面看，在偏离行为出现前，一般都要经历一个由心理危机导致心理反常的酝酿过程。在这个酝酿过程中以及由心理反常转化为偏离行为的过程中，偏离者的文化素养、人格素质等主观因素起很大作用，在某些时候起决定作用。社会学在研究偏离行为的客观原因，即社会原因时，不仅一般指出社会根本制度、阶级斗争、社会不良风气、教育（家庭、学校和社会教育）、管理上的不善和混乱等对包括犯罪在内的各种偏离行为的影响，而且还着重从自己特有的角度进行分析，例如，它分析角色冲突与偏离行为的关系，社会表层和社会深层的冲突与偏离行为的关系，以及文化冲突与偏离行为的关系，等等。

社会偏离行为，总的来说，对一个特定的社会的现行运行机制和社会秩序起妨碍作用，有的还以尖锐的形式直接破坏社会的运行和发展。社会学研究偏离行为主要是为了防止它对社会的消极作用。但是应当注意，社会规范具有相对性和变异性，不同的阶级、不同的民族、不同的时代都有自己的社会规范，从而对什么是偏离行为、什么是规范行为的看法也以阶级、民族、时代等为转移。同时，社会规范就其对社会的作用来说，有的是促进社会进步的，有的则是妨碍社会进步的。违反促进社会进步的规范的那种偏离行为，毫无疑问是消极的社会障碍因素；但是违反妨碍社会进步的规范的那种偏离行为，则能起推动社会前进的积极作用，它启发人们去改变现状。这种起革新作用的偏离行为，往往产生于两种相反的状态。一种是规范僵化状况，人们为了冲破这种陈旧的僵化的规范的束缚而产生偏离行为；另一种是失范状态，人们在旧规范明显失去作用而新规范尚未建立之时，大胆实行与原有规范不同的规则，从而产生偏离行为，这种情况多发生在社会变动时期。必须指出的是，即使起革新作用的偏离行为，也有一个引导的问题，因为它作为一种偏离行为毕竟带有盲目性和自发性。

（3）社会控制

社会控制指社会组织利用社会规范对其成员的社会行为施行约束的过程。家教、校规、党纪、国法、军令，都是不同的社会单位和社会组织为了维护本单位和本组织的利益和正常生活秩序，利用各自的社会规范，对各自的成员实施的社会控制。社会控制既包括对规范行为的控制，又包括对偏离行为的控制，但重点是对犯罪行为、违法行为、违警行为以及不道德行为等妨碍社会良性运行和协调发展的活动的控制。

社会控制自成体系，它由硬控制系统和软控制系统两部分构成。硬控制系统的基本要素有政权、法和纪律。软控制系统的基本要素有道德、风俗和信仰或信念。在软硬控制系统及其各要素之间，还有起中介作用的社会舆论、社会心理和大众传播。而在社会控制体系的底部，还有为社会控制提供可能性的社会保障和社会福利。

硬控制又叫强制控制，指控制的手段和方式都依赖于社会组织的强制力实施的控制。在硬控制系统中，国家政权的社会控制作用主要表现在两个方面：一是对破坏社会制度行为的控制，一般采取镇压和说服两种方式；二是对广大社会成员（不分民族和种族）的行为方式进行规定和制约。法是由国家制定或认可、由国家强制力保证实施的行为准则的总和。

它的社会控制作用表现在：第一，在人们的意志决定阶段，它告诉人们该如何做，不该如何做，对个人的行为选择起指导作用；第二，在人际关系的处理上，它作为行为评价的重要标准，对他人的行为起判断、衡量的评价作用；第三，在行为产生后果后，它用惩罚或奖赏给予行为者以否定或肯定，起教育作用。法的这三方面控制作用，集中表现为增强社会的安全感、稳定感。国法不明、执法不严，是社会动乱和不稳定的重要原因之一。纪律是一定社会集团规定并要求其全体成员遵守的行为准则的总和。纪律也有强制作用，不遵守就要受到相应的纪律处分。但纪律的基本特点是集团性，执行纪律一般不动用国家机器的强制力量，而是借用集团的行政手段。就纪律和法的关系来说，纪律服从于法，一切正常的社会团体的纪律都是符合法律的；那些黑社会组织的纪律则是非法的。与纪律相对应的是自由。纪律和自由是从两个不同的角度对个人行为方式的不同规定。纪律是从集团目标出发，把个人作为集团的成员、把个人行为作为集团的行为而作出的规定；自由则是从个人意向的选择出发，把自己作为个体和个体行为者而作出的规定。在集团的根本利益与个人利益一致的情况下，纪律与自由是一致的：纪律是自由的保证，一个社会集团如果没有纪律，就会陷于混乱，那就得不到自由，在这个意义上，没有纪律就没有自由；同时，自由又是纪律的基础，纪律只有在个性发展和个人自觉的基础上才能真正很好地被执行，在这个意义上，没有自由也没有纪律。只有把纪律和自由真正统一起来才能有社会的协调发展，没有纪律的自由和没有自由的纪律，都不利于社会的良性运行。在硬控制系统中，政权的硬度最强，法次之，纪律最后。从我国的情况看，党纪是所有纪律中最重要和最严格的纪律。

软控制是指不借用强制力，而依靠社会舆论、社会心理进行有效控制，所以又叫舆论控制和心理控制。在软控制系统中，风俗是人们在长期社会生活中自发积累起来，并为大多数人采纳和遵循的共同行为模式。风俗的社会控制作用是通过人们的传统习惯实现的，它的社会控制功能存在于民心和情理之中。风俗的社会控制作用有两种情况：一是积极的作用，即它有利于保护秩序和社会生活正常化；二是消极作用，即它有不利于社会进步的保守的、惰性的一面。我们今天研究风俗的社会控制作用，是要发扬中华民族的优良传统，而克服传统中的消极因素。道德是以善恶评价为中心的行为准则的总和。道德的社会控制作用和法的作用相似，也有指导作用、评价作用和教育作用，区别在于法的这三个作用是围绕合法还是非法这个核心展开的，而道德的上述作用是围绕善与恶这个核心展开的。我们的共产主义道德，以集体主义为原则来解释义务和良心、荣誉和幸福，是以革命的人道主义为出发点、以为人民服务为宗旨而建立起来的道德规范。这种共产主义道德对推进社会主义社会的良性运行是必需的，道德水平的普遍低下，则是一个社会不安定的标志之一。信仰或宗教信仰是把非现实力量当作神圣的偶像来崇拜；信念是一种理论体系或主义被人们所接受和尊崇。宗教信仰的基本特点是它的感情性和意志倾向性。宗教感情的核心是爱憎之感，对威胁力量和邪恶的憎恨和对救世主的崇爱；宗教信仰一经形成，便有着"与主同行"的强烈意志倾向。宗教信仰的控制作用是使教徒不做违反教义、触犯教规的事，如果做了就要受到谴责和惩罚。信念也是一种深层的价值观，但它与宗教信仰这种深层的价值观有原则区别，它是在理性思考基础之上形成的。对马克思主义的信念就是一种科学的信念。许多优秀的共产党员，为马克思主义在中国的胜利，贡献了自己的一切。"砍头不要紧，只要主义真"，就是这种为马克思主义而献身的精神的集中概括。主义的社会控制作用在于从根本上，即从立场、观点和方法上，引导人们识别是非，统一思想，澄清混乱，从而统一人们的行动。主义与主义不同，因此信念与信念也不同。科学的信念提供科学的立场、观点和方法；不科学的信念则提供不科学的立场、观点和方法。主义、信念人人皆有，就看一个人作何种选择，就看一个人自觉不自觉。无数事实已经证明，对马克思主义的信念，是最佳的选择。坚持和发展马克思主义对争取实现我国社会主义社会的良性运行和协调发展极其重要。否则，将不可避免引起社会的巨大动荡和不安。

分析社会控制对社会成员起作用的过程，可以发现，它有一个逐步软化的过程。从硬度最大的政权开始，经过法到纪律，实际上是硬度软化的量变过程；软控制从风俗至道德到信仰或信念则是软化程度渐渐增强的过程，其中以信仰或信念最富有弹性度。这个软化过程，是社会控制从社会深入到个人的内心世界的过程。在这个过程中，从表面上看，好象社会控制越来越远离最上层的政权，实际上却在个人世界微妙地接触政权领域，对一个社会的未来的信心和向往，基本上取决于对现政权的期待和信任。

社会舆论、社会心理和大众传播，是社会规范转化为规范行为的中间环节。舆论，简单地说，是指公众意见或公论，确切地说，是指在共同关心并有争议问题上的多数人的意见。有多数人的意见，就有少数人的意见，也就有这二者的对立。因此，争议、意见和对立成为舆论成立的三个基本条件。舆论在社会控制中的中介作用，在于它以社会规范为依据，用意见、评论、议论等形式广泛传播，引起人们普遍的注意和重视，引导人们去做舆论希望做的事，而不做舆论不希望做的事。社会心理是人们在社会生活中产生并相互影响的心理反应。它是一种广泛的社会精神现象，潜藏着巨大的社会力量。社会心理的层次比个体心理高，而比意识形态低。意识形态作为一种系统地反映社会生活本质的思想体系，是一种"科学意识"；而社会心理作为一种在人们相互作用中自发形成的、不系统的精神现象，则是一种"生活意识"。如果说，社会舆论在社会控制中的中介作用主要表现为一种社会环境作用（制造社会气氛，形成拟态环境等），那么社会心理在社会控制中的中介作用则主要表现为一种内在尺度的作用，即把社会规范转化为心理世界的行为尺度。大众传播通常指特定社会集团利用报纸、杂志、电视、电影、广播等大众传播媒介向社会大多数成员传送消息、知识和其他信息的过程。从社会控制的角度看，大众传播的社会功能主要表现在树立行为目标、模拟现实环境。

应当指出的是，我们不仅要看到社会舆论、社会心理和大众传播在社会控制中的作用，而且要看到它们本身也是社会控制的对象，因为它们也可产生对社会运行和发展不利的消极作用。例如，大众传播制造的模拟环境中的人和事，会使人们尤其是青少年信以为真，不加分析地模仿，从而造成社会偏离行为。又如社会心理是自发形成的，常常相互冲突，很容易在公共场合造成一些破坏性后果等。

社会保障指国家对公民最低生活水平的保障。社会福利广义地说是指国家提高广大社会成员生活水平的各种政策和社会服务措施；狭义地说，主要是指对生活能力差的儿童、老人、母子家庭、伤残人、慢性精神病者等的福利待遇。社会保障和社会福利涉及到社会控制的可能性问题。任何社会的安定、社会秩序的维护，都必须建立在社会成员的就业、身心健康、生活稳定、儿童保护等的基础上。如果一个社会不在这些基本方面给予保证，那就会因为社会成员不具备最起码的生活条件而产生许多无法进行控制的偏离行为。

3. 关于探讨社会运行和发展的手段和方法的内容

无论是从正向还是从反向来研究社会的运行和发展都需要有方法和手段。社会学调查研究方法和社会指标体系，就是我们研究实现社会良性运行和协调发展，避免恶性运行和畸性发展的主要途径。

(1) 社会学调查研究方法

社会学的调查既与一般的社会调查有联系，又有区别。

社会调查，在最一般的意义上讲，是指为了认识某种社会现象或解决实际工作中某个问题而进行的有目的、有对象、有组织、有计划的考察活动。社会调查与下乡接触工农的体验生活不同，也与走马看花、下马看花的一般社会观察有区别。社会调查一般可划分为研究性的社会调查和工作性的社会调查两大类。第一类社会调查，包括学科性的专业调查和为制定政策和检查政策执行过程中的问题而进行的探索性和反馈性的社会调查。第二类社会调查，主要是为了解决当前工作中的问题而进行的。

社会学调查，是指在社会学理论指导下，运用社会学的研究程序和方法，进行资料的汇集和整理，从而得出较为科学的认识和具体工作建议的一套实践活动。社会学调查包括这样几项要素：第一，社会学理论的指导，在我国的情况下，当然以马克思主义社会学的理论作指导，这是与以资产阶级社会学理论作指导有原则区别的；第二，社会学的方法和工作程序；第三，收集和处理资料的技术手段；第四，调查报告——理论结论或实际建议。

社会调查和社会学调查的联系和区别在于：社会学调查是一种社会调查；但不是一切社会调查都是社会学调查。在西方，由于社会学的历史传统较深，社会学调查方法较为普及并在一定程度上学科化，因此一般的社会调查也多按照社会学调查的方法和程序组织和进行，重大的社会调查项目又多由社会学家主持或参加，在这种情况下，社会调查和社会学调查的区别逐渐缩小，对二者作严格区分的实际意义已经不大。在我国，情况则不同。首先，我国社会学"中断"多年，学科基础薄弱，人们对社会学调查还知之不多；其次，社会学专业人员少，中高级研究人员就更显不足，他们在整个社会调查研究活动中还没有取得主导地位和发生重大影响。在这种情况下，强调社会学调查的重要性，使整个社会调查水平随之提高，就不是可有可无，而是非常必要了。

社会学调查，就使用的方法来说，常用的有：第一，客体观察法。这是指对作为研究对象的客体不是采用访问或问卷的形式，而是靠着研究者同研究对象的直接或间接的接触，通过研究者亲身的感受或体验收集资料的一种方法。客体观察法可分为参与观察法和非参与观察法两种。第二，典型调查法。这是指对在一定现象总体范围内具有代表性的个别单位（典型）所作的周密、细致的考察，以期取得对现象总体的认识。典型调查的形式归纳起来有：观察、个别谈话、普遍询问、开调查会。第三，统计调查法。这是指运用统计的原理和手段收集社会现象的各种数据资料，并对这些资料进行数量分析，从而阐明社会现象产生的原因和发展的规律，推断出事态发展的趋势。依据对总体调查研究的范围，统计调查又分为全面调查（普查）和抽样调查两种类型。实际用得多的是抽样调查法。抽样调查法是仅仅对总体的部分客体（样本）进行统计分析并据此推断总体的一种方法。它根据抽取样本的方式可分为随机抽样法和非随机抽样法两种。其中随机抽样法又可区分为简单随机抽样法、分层抽样法、系统抽样法和多段抽样法四种具体形式；非随机抽样法则可分为判断抽样法、配额抽样法和简便抽样法三种具体形式。第四，文献分析法。这是指通过对文献的内容进行科学分析，选取有用的资料，完成课题研究工作的一种活动。从种类繁多的文献分析中可以区分出两种主要类型：传统分析法，它注重于文献内容本身，是一种质的分析和研究；量化分析法，它注重文献内容的表达形式和某些数量化的特征，是现代社会学发展起来的一种研究方法。第五，问卷法。在社会学调查研究中，人们经常用问卷的形式进行资料的收集和整理工作，有不少社会学书籍把问卷也列为社会学调查的一种方法。所谓问卷，就是为了调查研究的目的而专门设计的一组问题或变量指标体系，印制在某种表格、栏目之中，少者一两张，多则数页或成册似卷，故而得名。问卷按问题的性质即对问题回答的方式，可以划分为：结构式问卷、非结构式问卷以及兼有上述二者特点的混合型问卷。所谓结构式问卷，是指问卷所包括的问题是封闭式的，即不要求对问题自由作答，只要回答"是"或"否"、"赞成"或"不赞成"即可。反之，非结构式问卷则是开放性的，即由要求自由作答的问题所构成。

现代社会学调查研究，越来越不是一个人或少数人所能完成。因此，社会学调查研究的组织和实施也越来越重要。这主要包括：研究课题的选择与研究计划的制订，研究假设的设定和检验，工作人员的培训与组织，资料的收集、鉴别、整理和分析，等等。社会学调查研究越来越成为一项系统工程。

（2）社会指标和社会指标体系

社会指标的产生主要有两方面的原因：第一，随着现代社会的发展，人们已普遍感到仅仅用经济指标已不能充分反映社会的真实情况，仅仅制订经济发展计划也不能充分满足社会发展和人们的广泛需要。也就是说，单纯经济指标的局限性导致人们去寻求一种更为全面的社会指标。第二，在现代社会中，社会的政策、发展计划日益重要，迫切要求对它们实施的结果作出较为准确的判断或预测，但以往的统计不能满足这一要求，这促使人们寻找一种衡量、鉴定社会发展状况的新手段和评价、预测社会计划的新工具。

对什么是社会指标，现在意见很不统一，定义不下几十种。按照我们对社会学对象的理解，我们把社会指标了解为：衡量社会运行和发展过程的综合的质量和数量特征。

作为社会学研究工具的社会指标，有这样一些特点：它是具体的、可计量的、易于理解的、有时间性的、综合的、理论与实践相结合的。

从不同的目的出发，可将社会指标区分为不同的类型，比较重要的有以下几种：第一，描述性指标和评价性指标。评价性指标也叫分析性或诊断性指标。第二，观察性指标和计划性指标。观察性指标又称作信息性指标，而计划性指标又叫做预测性指标。第三，投入指标、生产量指标与产出指标。其中产出指标又称结果性指标。第四，肯定指标、否定指标和中性指标。其中肯定指标又叫社会进步或发展指标，否定指标又称作问题性指标。第五，客观指标与主观指标。客观指标亦叫非感觉指标，主观指标亦叫感觉指标。第六，经济指标和非经济指标。

不同类型的社会指标发挥不同的社会功能，社会指标比较重要的功能有以下四个方面。第一，反映的功能。反映社会状态是社会指标最基本的功能。第二，监测的功能。可分为对社会状态的监测和对社会目标的监测。第三，预测和计划的功能，即预测发展和预测问题，并根据预测制订计划。第四，比较和评价的功能，即进行横向的和纵向的比较从而给予评价。

要发挥社会指标的上述功能，必须在不同领域建立起适应不同目的和用途的社会指标体系。所谓社会指标体系，是指为综合反映和说明社会或某方面社会状况而设计的一组具有内在联系的社会指标。迄今为止，社会指标体系的建立有三种主要方式：第一，规划性社会指标体系，它通常是政府利用公共机构的相应分类而建立起来的。第二，根据社会目标建立的社会指标体系，它是从一个总的或一系列社会目标出发，逐级发展子目标，最终确定各项社会指标。第三，以某种理论为基础而建立的社会指标体系，这是非官方建立社会指标体系的基本途径。

社会指标及其体系的应用是多方面的，这里提出这样几点。第一，建立社会报告制度。所谓社会报告，就是根据社会指标体系所提供的数据，经过分析而得出的关于社会状况及其发展趋势的总结性评价。第二，应用于生活质量的研究。例如运用社会指标研究我国生活质量的内容，确定我国不同生活水平的标准，研究我国的"可感生活质量"与社会态度。第三，应用于社会运行的定量研究。例如，什么样的社会指标体系，可以表明社会是在良性运行和协调发展，而什么样的社会指标体系，则可以表明社会已经陷入了恶性运行和畸形发展。第四，应用于社会的决策。社会指标可以促进"经验型决策"向"科学型决策"的转化，社会指标也是专家们参与和影响决策的重要途径之一。社会指标及其体系的所有这些应用，都没有离开争取实现社会良性运行、避免恶性运行这个中心和基点。

从上述对社会学历史地形成的内容的简述中，我们可以看出，社会良性运行和协调发展的思想确实是贯串其中的一根主线。

有了社会良性运行和协调发展的条件和机制这根主线，有利于结束目前社会学定义众多但每个又无法说服人的那种莫衷一是的局面，有利于纠正一些模糊的、不确切的、片面的说法。例如，现在较流行的、较易被接受的一种看法是认为社会学是研究社会问题的。我们认为，研究社会问题无疑是重要的，但它并不是社会学的全部，而仅仅是社会学的一个内容。因为它着重从反向来研究如何消除妨碍社会良性运行和协调发展的因素的途径。我们的定义与前面六类定义相比，既避免了"定义过宽"的缺点，又避免了"定义过窄"的不足；既是简单明确的，又是无损全面性的；既能较好体现社会学的总的精神和宗旨，又能贯串它的全部内容。

有了社会良性运行和协调发展的条件和机制这根主线，我们也有了什么是社会学研究的明确的鉴别标准。为什么说费孝通教授带头搞的小城镇研究是一种社会学研究呢？这是因为小城镇研究，实际上是研究小城镇在城乡协调发展中，在城市、集镇、农村组成的区域经济社会协调发展中的作用。用费教授自己的话来说就是："研究中等城市对小城镇的作用，从一个一个的小城镇调查到一群一群的小城镇研究，这实际上是探索城市、集镇、农村浑然一体的区域经济社会协调发展的系统网络。"[1] 费教授还说："在城乡协调方面，小城镇的作用好象'二传手'"[2]。小城镇研究的成绩以及成绩的大小，最后看它是否真正促进了城乡社会的良性运行和协调发展以及促进的程度。

有了社会良性运行和协调发展的条件和机制这根主线，也使我们能够具体地而不是笼统地理解社会学研究的特点——整体性、综合性，即这是一种有关社会良性运行和协调发展的整体性和综合性，有别于其他别的整体性和综合性，例如哲学的整体性和综合性、经济学的整体性和综合性等等。

（二）明确社会学在社会科学中地位的一个关键

就社会学和其他学科的关系来说，把社会学定义为研究社会良性运行和协调发展的综合性具体社会科学，既有利于明确它跟哲学科学——历史唯物主义的区别和联系，又有利于划清它与其他单科性的和综合性的社会科学以及与科学社会主义的界限。只有划清这些界限，社会学才有独立存在的理论根据，否则也很难称得上一门真正的科学或学科。

1. 社会学与哲学科学的关系

社会学和历史唯物论的关系，是具体的社会科学与哲学科学的关系，是特殊与一般的关系。我们可以从几个方面来看。A. 从对象上看，历史

---

[1] 《江海学刊》经济社会版 1985 年第 2 期。
[2] 《瞭望》1985 年第 28 期。

唯物论研究社会发展的一般规律，社会学则研究社会良性运行和协调发展的条件和机制的特殊规律。B. 从学科层次上看，历史唯物论是对包括社会学在内的各门社会科学知识的概括和总结；社会学则没有这么高的概括程度。社会学在历史唯物论的指导下，从社会良性运行和协调发展的特殊角度对其他社会科学进行概括和总结。C. 从作用上看，历史唯物论是考察整个社会的具有普遍意义的世界观和方法论，哲学的角度就是世界观、方法论的角度；与此不同，社会学则着眼于社会良性运行和协调发展的特殊观点研究社会，社会学的角度就是社会良性运行的协调发展的角度。正是由于历史唯物论跟社会学是一般跟特殊的关系，因此它们在理论上是指导跟被指导的关系。例如，我们在研究社会运行和发展的情况时，当然必须坚持以社会存在决定社会意识的基本观点为指导。同时，社会学又以社会良性运行和协调发展的条件和机制的各种特殊规律丰富历史唯物论。

把历史唯物论和社会学的关系确定为一般跟特殊的关系，我们就能理解在二者的关系上为什么"否定论"、"等同论"、"代替论"和"部分代替论"等统统都是错误的。"否定论"或"取消论"以历史唯物论否定或取消社会学；"等同论"把历史唯物论等同于社会学；"代替论"以历史唯物论代替社会学；"部分代替论"，如苏联占主导地位的"社会学三层次论"把历史唯物论看作社会学的第一个层次"一般社会学理论"。所有这些理论，尽管对社会学否定的激烈程度有所不同，但实质是相同的，即认为社会学没有什么必要，有历史唯物论就可以了，即使整个代替不行，也要部分代替。事实上，历史唯物论并不能取代关于社会良性运行和协调发展的条件和机制的特殊规律的理论。忽视这点，我们在理论上、实践上都已吃了大亏。上述种种错误理论，混淆了指导跟被指导的关系，既贬低了历史唯物论，又不利于社会学理论的研究和发展。与此同时，我们也不能同意相反的极端：用社会学来代替、包容历史唯物论，从而把社会学变成一种大而无当的东西。历史经验表明，在苏联、东欧，在我国，明确历史唯物论和社会学的联系和区别极为重要，甚至可以说，这一点是社会学得以顺利发展的意识形态上的前提条件。

2. 社会学与单科性社会科学的关系

社会学和政治学、经济学、教育学、心理学、法学等具体社会科学的关系，是综合性的科学与单科性科学的关系。社会学所研究的社会良性运行和协调发展的条件和机制，涉及社会整体、整体与它的各个组成部分以及各个部分、各个层次之间的关系；用系统论的术语来说，涉及整个社会系统、系统与各子系统以及各子系统、各个层次之间的关系。象政治学、经济学、教育学、心理学、法学等具体社会科学所研究的对象，则比较单纯，只涉及各有关子系统内部的规律，不具有社会学那样的综合性。这是社会学与政治学等社会科学的区别。但是二者又有联系，这就是每个子系统内部各因素之间也有一个良性运行和协调发展的问题。在这个意义上，社会学与政治学等具体社会科学的关系，是特殊与个别的关系。这一点很象历史学跟其他社会科学的关系：历史学研究各个社会发生、发展、衰落、灭亡的规律；其他社会科学研究的对象也都有发生、发展、衰落、灭亡的历史，在这个限度内可以说，任何社会科学都是历史科学。同样，在其他具体的社会科学都涉及社会良性运行和协调发展的限度内，也可以说，其他社会科学也都是社会学科学。

这样，我们就把全部社会科学大致分为三个层次：第一层次是哲学科学（历史唯物论）——一般；第二层次是综合性的社会科学（社会学、历史学等）——特殊；第三层次是单科性的社会科学（政治学、经济学、教育学、心理学、法学等）——个别。社会学既是哲学和单科性社会科学之间的中介,又和其他社会科学一起成为哲学与社会现实之间的中介。

3. 社会学与其他综合性社会科学的关系

社会学与其他综合性社会科学如历史学、管理学的关系,是特殊跟特殊的关系。历史学和社会学的区别在于:A. 历史学面向过去,社会学则面向现在和将来。B. 历史学研究各个社会的发生、发展、衰落、灭亡的规律,尽管也研究社会的横断面,但研究横断面是为了纵向地说明社会,因此历史学主要是一种纵向科学;社会学研究社会良性运行和协调发展的条件和机制,尽管也研究社会的纵剖面,但研究纵剖面是为了横向地说明现实社会,因此社会学主要是一种横向科学。国外有的学者把社会学和历史学看成社会科学的两个拳头,不无道理。

与社会学最接近的是管理学。有的学者甚至认为社会学就是社会管理学。应当承认,这二者是容易混淆的,但是我们觉得它们仍然是有区别的。这就是管理学侧重从管理的主体——管理者、领导人——方面来研究问题。因为管理学主要研究各级主管人员如何"设计和维护一种环境,使处身其间的人们能在集体内一道工作,以求有效地完成集体的目标"①。社会学当然也要研究人,但社会学研究人,研究人与社会、人与人的关系等主要是为了客观地说明社会良性运行和协调发展的不以个人意志为转移的条件和机制。所以管理学与社会学研究的侧重点是不同的。

4. 社会学与科学社会主义的关系

社会学(在这一目中,社会学均指马克思主义社会学)与科学社会主

---

① 哈罗德·孔茨:《管理学》,贵州人民出版社1982年版第7页。

义的关系，也是一个极为复杂的问题。这一方面是因为对什么是科学社会主义，现在理论界的意见也不是一致的。归结起来有两种主要意见：一种认为科学社会主义是马克思主义的政治学或政治科学；一种认为科学社会主义是一门综合性的科学。后一种意见认为科学社会主义要揭示出社会主义、共产主义发生、发展和胜利的规律，必须对作为社会形态的社会主义社会政治、经济、思想文化直到生活方式等所有方面作综合性的考虑，而不能把着眼点仅仅放在政治斗争上。我们同意前一种意见，认为科学社会主义是关于无产阶级解放斗争的性质、条件和一般目的的政治科学。唯有这样才与它作为马克思主义三个组成部分的核心的地位相称。如果把生活方式、家庭制度、计划生育等"所有方面"都列入科学社会主义的研究范围，不可避免地会降低科学社会主义的核心地位，同时也会使科学社会主义成为没有自己明确对象的混合物。后一种意见实际上是要使科学社会主义在某种程度上社会学化。这样做，对科学社会主义和社会学二者的发展都是有害无利的。另一方面，社会学和科学社会主义的关系之所以复杂，还因为对社会学的看法意见也颇为分歧。这一点我们已经看到了。现在明确了社会学的对象，就能比较清楚地说明它们的区别和联系。它们的区别主要在于：A. 科学社会主义从无产阶级解放的条件这样的政治学角度来研究资本主义社会和社会主义社会；马克思主义社会学则从社会良性运行和协调发展的条件和机制这样的社会学角度来研究资本主义社会和社会主义社会，二者的角度是不同的。B. 二者学科的性质和层次不同。科学社会主义作为马克思主义的政治学属于单科性学科，社会学则是综合性的学科，但是这绝不是说，二者之间存在什么从属关系、包容关系。我们既不同意说科学社会主义包容社会学、社会学从属于科学社会主义的意见，也不主张与此相反的意见。这是因为从学科的层次不同，并不能推出有诸如此类的关系。例如，我们说哲学是一般，社会学是特殊，政治学是个别，决不意味着社会学、政治学都从属于哲学，哲学包容社会学、政治学等其他一切学科。科学社会主义和马克思主义社会学的联系在于：它们的目的一样，都是为了推翻旧社会，建立新社会；它们的理论基础一样，都由历史唯物主义作为指导思想。它们作为两门从不同的角度来研究资本主义社会和社会主义社会的独立学科，必然是相互补充、相互促进的。

5. 社会学与社会文化人类学的关系

社会学和人类学同属现代实证科学之列，它们可说是姐妹学科。欧美许多大学，既设有社会学系，又设有人类学系；这两个系也可以说是姐妹系。现在我国少数大学也出现了社会学系和人类学系并立的局面。人类学跟社会学一样，是具有众多分科的综合性学科，粗略地说，现代人类学分为两大领域。一是体质人类学，以解剖、生物、化石等学科为基础，着重于人的自然属性方面的研究；另一是文化人类学或社会人类学，它则是以考古、民族、民俗、宗教、语言、工艺等学科为基础，着重于人的社会属性方面的研究。这里和社会学关系特别密切的是"文化人类学"或"社会人类学"。文化人类学一般是美国的叫法；而社会人类学则一般是英国的叫法。名称的不同反映了强调的侧重点不同。这种情况既有实际方面的原因，又有理论方面的原因。从实际方面看，美国人类学把自己的视野集中于美国印第安人，它看到随着社会的急速变化，印第安人的文化即将消失，因此它着重收集资料，力图保留印第安人的文化。英国人类学则把注意力放在大英帝国的海外殖民地上，所以它收集当地土著部落社会的资料，是为了了解它的组织和运转情况，以便更好控制土著部落的反抗，更有效地维护殖民统治。从理论方面说，美国人类学家接受了英国人泰勒的文化定义：文化是一个复杂的包括知识、信仰、艺术、道德、法律、风俗及作为社会成员的个人的能力和习惯等在内的复合体。这个定义给了美国人类学家以统一的文化概念,并由此解释其他社会现象。例如,他们认为人之所以被社会化,是由文化因素决定的。英国人类学则从迪尔克姆的思想中吸取自己的营养,迪尔克姆认为要解释社会现象(或社会事实)必须寻找其功能,英国人类学还从摩尔根的亲属结构的研究中受到启发。这样便形成了英国功能主义(马林诺夫斯基)或结构功能主义(赖德克利夫-布朗)的社会人类学。为了简便,我们用"社会文化人类学"把"文化人类学"和"社会人类学"都包括在内。

要说清楚社会学和社会文化人类学的区别很不容易,因为人类学家本身对社会文化人类学的看法,也和社会学的情况一样,众说纷纭、莫衷一是。下面的说明,仅仅是一种尝试,概括得不一定正确。

第一,从传统上说,社会文化人类学是以未开化的异民族、异文化、异社会为自己的研究客体的,用西方的术语来表达,即是以"非西方的或未工业化的社会"为对象的。确实,社会文化人类学一度被认为是关于"土著群体"的研究,人们常用"原始的"、"部落的"、"未有文字的"、"未经接触的原始人"等来描述自己的研究对象。社会学则着重研究现代资本主义社会本身的运行和发展的情况。换言之,人类学着重研究未工业化的殖民地社会,社会学则着重研究工业化的、资本主义发达的宗主国社会。这种情况,距两门学科形成期越近越是如此。

顺便指出,费孝通教授的《江村经济》等作为社会文化人类学的著作,对该学科的传统有两点突破。首先他用社会文化人类学来研究本民族,而没有拘泥于异民族;其次是把功能方法从原始社会推广到文明社会。

第二,从传统上说,社会文化人类学十分强调实地工作或现场工作,强调参与观察法。马林诺夫斯基认为,一个人若要了解另一个不同的社会,一定要深入到该社会的生活方式,细心地观察该社会成员的互动和行为。这就是说，参与观察法是必要的。而且参与观察的时间不能太短，起码得住一年以上，以便能够亲眼看到所有的季节性活动。为了做好实地工作、顺利地进行参与观察，社会文化人类学家还强调要学习当地的语言，强调语言功夫。这种使用当地语言进行的参与观察和其他实地工作，归根结底是一种文化比较研究，主要是原始部落社会与工业化社会之间的比较研究，通常把这称作跨文化研究。因此，英国的社会文化人类学也叫"比较人类学"。社会学当然也重视实地工作，但对参与观察、学习异民族语言没有象社会文化人类学那样高的要求，也没有那么重视跨文化的比较研究。

第三，从传统上说，人类学家一般是研究者，而不是变革者，很少试图去影响或引导社会的变迁。他们往往把维持所研究的社会的原状作为可取的目标，努力避免该社会由于变化而引起的动荡不安。与此不同，大多数社会学家则把认识和改造社会作为自己的天职，用这样那样的方式，直接间接地影响或引导着社会的变革。

但是，社会文化人类学上述几个传统特点，并不是所有的人类学家都同意的。例如，不少人类学家不承认人类学只研究原始人类、殖民地人民和异国文化社会。持这种看法的人认为，人类学研究人类本身面临的问题，而这些问题是不会消失的，因此人类学具有光明的前途。而且，这些特点也随着情况的变化而程度不同地变化着。由于原始文化正在全球范围内消失，第二次世界大战后，发达社会特别是大城市中的移民，也成了人类学研究的主要目标。由此，参与观察的时间的长短、掌握异民族语言的要求，都不能不发生变化。同样，第二次世界大战后人类学家也越来越改变单纯研究者的身分，积极从事于都市问题和发展中国家问题的解决方案研究。这样，我们就清楚地看到社会学与社会文化人类学的某种合流的趋势。当然两门学科也不会完全合二为一而丧失自己的特殊性。

（三）理解社会学与各分科社会学关系的一把钥匙

这样来理解社会学的对象，能够为各分科社会学提供社会学的角度，从而能够较清楚地说明各分科社会学的含义，以及它们与社会学、与相关学科的区别。例如，什么叫"教育社会学"？它与教育学有什么不同？与社会学又有什么区别？在我们看来，教育社会学就是从社会良性运行和协调发展的条件和机制的社会学角度来研究教育现象的边缘性学科。换言之，它着重研究教育在社会良性运行和协调发展中的作用、功能。它既与着重研究教育规律本身的教育学相区别，又与着重研究社会良性运行和协调发展的条件和机制的社会学不同。关于政治社会学、人口社会学、劳动社会学等，也都可以这样说。由此可见，贯串众多分科社会学的仍然是社会良性运行和协调发展的条件和机制这根主线。

（四）沟通社会学与"三论"关系的一条纽带

这样来理解社会学的对象，也为为什么可以而且必须在社会学中应用系统论、信息论、控制论的基本思想和方法提供了理论说明。在"三论"中，我们将着重讨论系统论与社会学的关系，关于信息论、控制论只是在后面简略地提及。

1. 社会学与系统论

社会学与系统思想早已结下了不解之缘。我们看到，在社会学发展中，有三种与系统思想有关的历史传统。第一种是马克思社会理论和方法论中的系统思想。虽然马克思没有专门研究过一般系统及其原则，但他对社会这个最复杂的系统进行了广泛深入的研究，其中蕴含着许多极为精辟的系统思想。一些西方学者甚至认为，马克思"理论工作的主要部分都可以看作是富有成果的现代系统方法研究的先声"①。第二种是美国社会学家帕森斯在30年代建立的社会系统理论。这个理论从渊源上说，先后接受了迪尔克姆、韦伯和帕累托的有关系统的观点，吸取了马林诺夫斯基和赖德克利夫-布朗的功能分析理论。在当代社会学中，帕森斯的影响主要表现在对社会系统进行结构功能的分析上。第三种就是美籍奥地利生物学家贝塔朗菲酝酿于二三十年代、成熟于40年代的一般系统论或普通系统论。② 关于系统论思想早在社会学中得到运用的事实，贝塔朗菲这样说道：整体、组织和动态观点的原理，"还出现在与经典观点对立的现代社会学观点中"③。

　　贝塔朗菲提出的系统论的基本思想是：强调从整体出发研究整体与部分的关系，整体的功能不等于其各组成部分功能的机械总和。系统论在自己的发展过程中形成的基本原则主要有：整体性原则、层次性原则、结构性原则、相关性原则、目的性原则等。所谓系统方法，就是根据客观事物具有的系统特征，从事物整体出发，着眼于整体与部分、整体与层次、整体与结构、整体与环境的相互联系和相互作用，求得优化的整体目标效应的综合方法。贝塔朗菲曾说到一般系统论与辩证唯物主义的相似性："虽然起源不同，但一般系统论的原理和辩证唯物主义相类似则是显而易见

---

① D.麦奎里等：《马克思和现代系统论》，载《国外社会科学》1979年第6期。
② 贝塔朗菲的系统论叫类比型系统理论，是一般系统论的一种。40年代以来还先后形成了其他三种一般系统论：比利时物理学家普里高津的"耗散结构"学说；联邦德国科学家哈肯的"协同学"；苏联学者乌约莫夫提出的参量型系统理论。
③ 贝塔朗菲：《关于一般系统论》，载《自然科学哲学问题丛刊》1984年第4期。

的。"① 贝塔朗菲还自称是"社会系统论"的创始人之一。② 可见他非常重视把一般系统论运用于社会学。

那么，社会学与系统论能够发生关系的根源何在呢？贝塔朗菲的回答是：因为社会是一个系统。他说："从当代社会科学理论广阔的范围、普遍的混乱和矛盾之中产生了一个可靠的结论：社会现象必须被看成'系统'"③。他把历史解释成社会文化"系统"的历史，而不是个人的历史，指出："社会事件牵扯到的似乎远不是个人的决断与行为，而是更多地看成由社会文化'系统'所决定的东西，无论它是偏见、意识形态、压力集团、社会趋向、文明兴衰，还是别的什么。我们从科学上准确地知道，污染的影响、自然资源的浪费、人口膨胀、军备竞赛等等将导致什么样的后果。每天都有数不尽的批评者引用不可反驳的论据这样告诉我们。但是无论国家领导人还是作为整体的社会，对此似乎都无能为力。"④ 在贝塔朗菲看来，能够解释这些的原因是"系统"。

按熙贝塔朗菲的观点，社会学和系统论的关系有两个方面：一方面，社会学研究必然导致一般系统论的研究。他借用斯柯特的话指出：系统分析把"组织看作由相互独立的变元组成的一个系统"，因而"现代组织理论必然导致一般系统论的研究"⑤。另一方面，系统论的研究可以给社会学提供基础构架。他借用巴克莱的话指出："现代系统研究可以提供一种更能适当地处理社会文化系统的复杂性质和动力性质的基础构架"⑥。

但是系统论的基本思想、社会学与系统论的关系，迄今为止，还没有

---

① 贝塔朗菲：《一般系统论的发展》，载《自然辩证法学习通讯》（华中工学院）1981年增刊。
② 同上。
③ 贝塔朗菲：《一般系统论导论》，载《自然科学哲学问题丛刊》1979年第2-3期。
④ 同上。
⑤ 同上。
⑥ 同上。

能够很好地在社会学的定义中体现出来。现在看来，把社会学定义为社会良性运行和协调发展的条件和机制，似能较好地体现这一点。

第一，它把社会看作具有众多子系统的最复杂的系统，而众多子系统又有各自的亚系统。既然是系统，当然会有系统的共同特征。离开把社会看作系统的观点，就根本提不出社会良性运行、协调发展的问题来。

第二，它又把社会系统看作与具有价值观念和能动性的人类有关的特殊系统。因此社会系统的运行和发展对人这个主体来说就有了价值意义，即有了好坏之别和良性、中性、恶性之别。

第三，它表明社会系统的良性运行不会自然到来，恶性运行也不可能自动避免。这些都要具有能动性的人去争取。因此必须要研究良性运行的条件和机制，即规律性。

因此这个定义既说明了作为系统的社会和其他系统的共同性，因而从各个系统中概括出来的一般系统论当然能够回到、可以应用于社会系统；又说明了作为系统的社会的特殊性，一般系统论正是通过这个特殊性而起作用的。这样，社会良性运行和协调发展的条件和机制的定义，就体现了社会系统具有的共同性和特殊性的结合，体现了社会学和系统论的内在联系。

至于信息论，它一般地说是研究获得、选择、存贮、交换、改造和利用信息（政治信息、经济信息、技术信息等）的规律性科学。它与系统科学密切相关，因为系统与子系统、子系统之间的相互作用，都是通过不同的信息进行的。社会系统当然也不能例外。信息，是社会良性运行和协调发展不可须臾或缺的纽带和结合剂。控制论指能应用于任何系统（包括工程技术系统、自然系统、社会系统和智能系统）中的一般控制论。控制论强调任何一种控制系统必须在输入端接收输出端的反馈信息，并根据输出值（实际状况）和目标值（规定状况）的差值，进行判断、推理，作出决策，再将相应的信息加以输入，才能对系统进行控制和调节。要做到社会的良性运行和协调发展，自觉利用反馈原理，无论在宏观上还是微观上，都是十分重要的。

总之，社会良性运行和协调发展的条件和机制，能够较自然地把社会学与系统论、信息论、控制论沟通在一起。

2. 社会学中的系统哲学问题

必须指出，社会学与系统论的关系是一个极其复杂的问题，切忌简单化。因此，在这里较为详细地探讨一下社会学中的系统哲学问题，也许是有益的。社会学中的系统哲学，主要研究社会学与系统论结合的哲学基础问题，如系统论究竟能否与社会学相结合，在社会学中应用系统论的哲学根据究竟何在等问题。

贝塔朗菲在《普通系统论的历史和现状》[1]、《一般系统论的发展》等论著中，指出了系统哲学的三个部分：系统的本体论、系统的认识论和系统的价值论。系统的价值论研究人与世界的相互关系，认为人的形象不同于物理事件，认为自然科学和社会科学之间并没有鸿沟，从而提倡一种人本主义观点。一般系统论的这种人本主义观点不同于那种只谈数学、技术的机械主义系统论观点，它反对使系统论成为"人走向机械论、贬低人的价值和通向技术统治的道路上的最后一步"[2]。贝塔朗菲认为，在高度评价数学、纯粹科学和应用科学的作用的时候，如果避而不谈上述人本主义方面，"必将使普通系统论变得十分狭隘和残缺不全"[3]。关于系统的价

---

[1] "普通系统论"即是"一般系统论"。——本书作者注
[2] 贝塔朗菲：《普通系统论的历史和现状》，载《科学学译文集》，科学出版社1980年版第323-324页。
[3] 同上书第324页。

论我们不准备详细讨论，因为我们论证社会学与系统论的结合，事实上正是在实践着系统的价值论所主张的基本思想之一。我们的重点是结合新的情况和进展探讨系统的本体论和系统的认识论，其中关于系统的认识论，按照贝塔朗菲的实际论述，又可区分为方法论和认识论两部分。下面我们就依次对系统的本体论、方法论和认识论进行一些粗浅的研讨。

(1) 关于社会系统本体论的几个问题

贝塔朗菲曾经指出："说明'系统是什么'，'各种系统'在被观察的世界的各级水平上是怎样体现的。寻找这些问题的答案，这是系统的本体论的任务。银河系、狗、细胞和原子都是系统，这是不难同意的。然而，在怎样的意义上从哪些方面可以把动物群落、人类社会、个性、语言、数学等等也称为系统呢？"[①] 相应地，社会学中的系统本体论的任务是要寻找如下两个问题的答案：第一，在什么意义上社会构成系统，社会系统究竟是什么？第二，各种社会系统的存在方式是什么，它们在被观察的各级水平上是怎样体现的？要回答这两个问题就要看社会系统质是否存在及其存在方式如何了。

A. 社会系统质存在的普遍性和多样性。"系统质"这一概念，是苏联学者在研究发掘马克思理论和方法论中的系统思想时提出来的。В. П. 库兹明认为：物质世界存在三种固有的基本质。第一种为"自然的、物质—结构的质"。它指自然物质本身的属性，例如土地、水、铁等等就表现了不同的自然质。第二种为"功能质"。它反映的不是不同物质的指称，而是以专门化和效用的原则来规定。例如一口锅可以用不同的材料（铝合金、铁等）来制造，这里物质的性质（自然质）并没有决定的意义，主要的性质倒是在于锅所具有的用途或功能——功能质。第三种质是"系统

[①] 贝塔朗菲：《普通系统论的历史和现状》第 321 页。

质"。如果说,"前两种质的规定性总是或者以物质本身性质的形式,或者以特殊的形式和功能形式存在于物质现象中",那么,"与此不同,第三种质是总合的或整体的质"①。系统质是一种事物间联系上的质,它在具体事物中可以没有具体的物质形态。

社会系统质又是什么呢？库兹明指出,在社会范围内,不论是人,还是物（劳动产品）,除了自己的自然质外,还有社会质,它是自然物（包括人）由于为人类所利用和改造而形成的"第二自然"的物质所具有的一种新质。社会质与物质世界三种基本质的结合,形成了其自身的两个序列。"第一序列的"社会质,是指"人化了的自然界"的物的社会质,它结合自然质和功能质,并物化于社会的具体事物之中（如具有使用价值的桌子、房屋、机器等）。"第二序列的"社会质,也即把社会质和系统质结合起来的社会系统质,则是作为社会许多因素联合为一个统一的整体的结果而产生的新质,它能给我们比各部分的总和更多的东西,这种社会的系统质就是社会事物和社会现象隐藏在其具体的物质形态及其功能背后的系统存在。

社会系统本体论所关心的就是这种社会系统质是否普遍存在、以什么方式存在的问题。对此,表面看来,似乎并没有多少分歧。人们一般都承认,社会是一个复杂的系统,它具有系统的一般特征：整体性、有序性、结构性、自组织性、协调性等等。但是分歧出现了。例如,近年来,我国关于在文艺理论中运用"三论"科学方法的问题曾引起一些争论,其中也涉及到系统质。持相反意见的人认为,文学艺术现象是生动的、活泼的,如果一定要把它们纳入信息流程,从中找什么"自然质、功能质、系统质",就可能陷入新八股,让方法牵着鼻子走。② 美国学者 R. M. 克朗在

---

① В. П. 库兹明：《马克思理论和方法论中的系统性原则》,三联书店1980年版第69页。
② 参见1986年4月21日《人民日报》。

研究系统分析的场合时也曾指出了纯科学研究和艺术创作活动是不适合系统分析方法的。关于社会学，他也提出许多问题，例如：那些具有深刻社会和历史含义以及文化传统的问题能否用系统方法进行分析？如何理解心理系统和精神系统？社会舆论有没有系统性质？系统理论如何考虑社会中那些超理性的因素？等等。[①] 在这里，我们的确容易发生一些理解上的混乱：一方面，精神系统、心理系统的概念并非不可理解，文学艺术以及文化传统所涉及的问题也不乏某种有机的联系；但另一方面，当人们试图用系统论的原则去解释时，为什么却碰到重重困难呢？

我们认为，从社会系统本体论看，关键是应当在承认社会系统质的普遍性的同时承认它的多样性、复杂性，承认社会中的系统存在并不固守某一个或几个模式，只有承认多样性，才能真正贯彻普遍性。而既然社会系统质是普遍的又是多样的，那么笼统地说在社会学和其他社会科学中能或不能运用系统论都是不可解决的问题，最重要的是要具体分析哪种系统方法适合哪种社会系统质。

社会系统确实是十分复杂的，它的运动处在多元非线性和时间上不可逆的状态中。在社会中，既存在大量相对定常的因素和过程，也存在大量非定常的、随机出现的因素和过程；既存在相近于物理系统的近平衡态的过程，又存在远离平衡态的近于耗散结构的过程；既具有自组织的功能、显示出有序的运动，亦包含大量无组织的无序混乱运动；既存在科学的逻辑的理性因素，也包含许多非理性和超理性的内容；既有整体等于部分之和的总合统一体（统一体的每一个部分并没有成为其总体不可分割的结构——功能部分），又有整体大于部分之和的完整系统；如此等等。这些不同的系统和非系统的特征交织在一起，形成了社会系统质的多样性和复杂

[①] 参见 R. M. 克朗：《系统分析和政策科学》，商务印书馆1985年版第18、25、37页。

性，形成了许多不"纯"的"亚系统"。这些亚系统并不严格符合一般系统的整体原则、等级原则。在实际的社会系统中，它们是大量的，并且是难于作系统划界而使系统得以"纯"化的，例如人们的宗教信仰，作为超理性的因素，它是未经理性检验而为人们接受的。它的存在、演变有深刻的历史背景和文化传统。宗教包括的迷信和反科学的内容，在现实社会中，不能简单地按系统原则将它们取消掉，因为人为地取消宗教只能起反作用。同时，我们也很难一般地断定人们的宗教信仰对社会系统的良性运行和协调发展究竟是起着正作用还是负作用。类似的情况也发生在社会其他方面。例如一种社会管理系统的合理模式，往往与某种文化价值观和文化传统不相容，或和某种政治因素，甚至与领导者的意志不相容。如果把这些因素划进系统加以考虑，则会破坏原系统的合理性，但若不予考虑，它们又对系统产生重要影响，其结果仍然会破坏系统的合理性。

社会系统质的复杂多样性，反映了系统虽然是"处于一定的相互关系中并与环境发生关系的各组成部分（要素）的总体（集）"[①]，但这种"一定的相互关系"却是丰富多采的，并非遵循着一个或几个"纯"的模式。我们知道，无论是贝塔朗菲的被称为类比型的系统理论，还是普里高津的耗散结构系统理论、哈肯的协同学的系统理论、乌约莫夫的参量型系统理论以及联邦德国生物学家艾根的"超循环理论"等等，都是从现实世界中抽象出来的，它们分别反映了不同的系统质的特征。但很显然，它们没有也不可能穷尽客观世界的全部系统质。而且，若要把它们统一为一个系统理论，则更是一件十分困难的事情。

总之，我们既要承认社会系统质的普遍存在，又要承认这种存在是多

[①] 贝塔朗菲：《普通系统论的历史和现状》第315页。

样的。其中有一些，我们可以用现有的系统理论进行分析甚至定量化（例如一些经济的系统）；有一些则还不能从现在的系统理论中找到原则和方法（如精神系统、心理系统、权力系统），还需要我们重新建立关于它们的系统理论或者亚系统理论，并提出关于它们的合理系统模型。

B. 马克思社会形态理论中的系统本体论。之所以在这里论及马克思的社会形态理论，不仅仅是因为马克思的社会学说在战后特别是在60年代以后被西方学术界公认为社会学的一个主要流派，还在于这个理论作为马克思主义理论中系统思想体现的典型，已成为社会学与系统论结合的重点之一。在我国、苏联和西方，都有人根据这一理论，把社会划分为三大系统，即社会经济系统（经济基础）、社会政治系统（政治上层建筑）和社会思想文化系统（思想上层建筑或意识形态），并认为这三个系统的相互作用形成了不同的社会结构和社会发展模式。

在这个社会系统理论中，我们不可避免地会碰到这样一个问题：这三个子系统是如何相互作用的？按照历史唯物论，经济系统归根结底是决定政治和思想文化系统的，同时，后两者亦会对经济系统能动地产生反作用。但是，按照系统论的观点，同一等级上的子系统之间是相互作用的耦合关系，表现为相互的（并非单向的）协调和适应，在这些子系统之间，没有哪个子系统可以永居主导地位，永起决定作用。如果有主导地位，也是经常更换的；如果有决定作用，也是相互的。关于这个问题所暴露的矛盾，实际上在西方早有争论。不少西方学者把马克思的社会形态理论不确切地表述为"经济决定论"，而加以批判。例如法国"结构主义的马克思主义者"阿尔都塞提出的"多元决定论"就十分典型。作为结构主义者，他的观点在许多方面更与系统的思想相近。那么，究竟怎样认识社会系统中上述三个子系统的关系？这里就涉及到社会系统质究竟是以什么方式存在的这样一个系统本体论问题。

马克思对社会历史的考察，是从现实的人开始的。他指出："人们为了能够'创造历史'，必须能够生活。但是为了生活，首先就需要衣、食、住以及其他东西。因此第一个历史活动就是生产满足这些需要的资料，即生产物质生活本身。"[1] 进而，马克思又对历史唯物论的基本观点作了经典的表述："人们在自己生活的社会生产中发生一定的、必然的、不以他们的意志为转移的关系，即同他们的物质生产力的一定发展阶段相适合的生产关系。这些生产关系的总和构成社会的经济结构，即有法律的和政治的上层建筑竖立其上并有一定的社会意识形式与之相适应的现实基础。物质生活的生产方式制约着整个社会生活、政治生活和精神生活的过程。"[2] 不难看到，马克思对社会历史的上述考察，从系统的意义上说，并不是从社会系统的结构或功能上进行分析的，而是透视了社会系统会有如此结构和功能的原因：他考察的不是社会结构和功能层次上的系统联系，而是更深层次上的社会事物间内在的本质的必然的联系——社会发展一般规律，即归根到底是生产力决定生产关系，经济基础决定上层建筑，而生产关系、上层建筑又具有能动的反作用。这一基本规律是作为社会结构与功能的规律性原因而存在的。

但是马克思和恩格斯并没有把功能和产生功能的原因割裂开来、对立起来。正如恩格斯指出的："根据唯物史观，历史过程中的决定性因素归根到底是现实生活的生产和再生产。无论马克思或我都从来没有肯定过比这更多的东西。如果有人在这里加以歪曲，说经济因素是唯一决定性的因素，那末他就是把这个命题变成毫无内容的、抽象的、荒诞无稽的空话。"[3] 恩格斯在这里强调了各种因素在历史发展中的"交互作用"，强调

---

[1] 《马克思恩格斯选集》第1卷第32页。
[2] 《马克思恩格斯选集》第2卷，人民出版社1972年版第82页。
[3] 《马克思恩格斯选集》第4卷第477页。

了经济因素不是唯一的，但是归根到底又是决定因素，这实际上已经包含这样的意思：如果从结构—功能的层次上对社会系统进行分析，那么经济、政治和思想文化三个子系统的决定关系便是相互的了。

从功能和功能产生的原因这两个层次上理解马克思的社会形态理论及其系统质的存在方式，就不难了解帕森斯的结构—功能主义传统在社会系统分析中造成的一个明显缺陷：把功能和功能产生的原因这两个层次截然对立起来，提倡用功能而不是用原因作为解释的手段。但是事实上，现实社会中的系统存在，其要素间不仅具有功能，还存在产生功能的原因。这种结构和功能的规律性的原因，在自然系统的分析中，往往并不深究（尽管这种深究简单使用系统方法也是办不到的），但在社会系统中，作为科学的世界观和方法论，了解结构—功能的原因，对于正确地指导系统分析则具有重要意义。总之，在分析社会系统的三个子系统时，我们要弄清楚，在什么意义上，它们之间是相互协调适应的耦合关系；又在什么意义上，经济的前提和条件归根结底是决定性的。分清楚这两种意义、两种层次，并把它们统一起来，这正是马克思社会形态理论所蕴含的系统原则比帕森斯理论高明的地方。

应当指出的是，用现有的系统理论，我们还无法建立正确的马克思主义社会形态学说中的系统质模型。而且作为社会系统质的存在方式（包括在结构—功能层次上和产生结构—功能的原因的层次上），至少从目前来看，也不是仅仅运用系统方法所能完全揭示和描述的。由此，也引起我们对以下问题的讨论。

(2) 关于社会系统方法论的几个问题

社会系统方法论所要讨论的，并不是关于系统科学作为其他学科的方法论的问题，而是系统科学本身的方法论哲学，即对社会中已经存在的系统质，能否建立合理的系统模型和理论来加以描述和还原的问题。

关于方法论的还原，在生物学哲学中曾有过争论。正是生物学中机械论者与整体论者的争论，孕育了贝塔朗菲一般系统论的诞生。机械论的还原观点认为有机体说到底是一种复杂的机械装置，因而可以用机械论的术语对有机体作充分的说明。整体论中的活力论者则认为生命的独特特征是不能还原为物理化学术语的，在有机体中存在一种超物质的"活力"，是它支配着生物体的物理、化学和生命过程。活力论的观点以后为整体论中的突生论者所批判。突生论者不认为生物系由于超物质的"活力"存在而变得不可考察，他们所强调的是生物系统，即组织的完全可考察的特征。他们反对机械论的还原论，认为"描述这种整体的一个规律是不可还原为支配着纯粹作为部分的该整体的部分的规律的。因此，根据关于作为部分的部分的规律，人们并不能预言出这些部分的某些组合将会显示出有机的整体性，因为这种属性只有在部分构成了一个组织这种整体化层次上才具有意义"[1]。他们认为整体大于部分之和，因而它在本质上不可还原为仅仅是诸部分的集合，而物理化学的描述永远只是对部分的描述，只是对部分的聚合的描述，而没有考虑到整体的质的独特性。这些思想以后成为系统论的重要基础。实际上系统论正是作为解决"整体大于部分之和"的有机体的还原理论而产生的。

社会学中的系统方法论还原具有重要的意义。因为它涉及建立社会系统模型的一般原则和理论。对于已经存在的社会系统质，建立物理化学或机械的系统模型显然行不通，建立"社会有机体"的系统模型，即把社会看作生物有机体，也有很多欠缺之处。至于帕森斯结构—功能的系统理论和贝塔朗菲一般系统论的原则，虽然具有很多合理性和科学性，但它们能否成为适用于建立社会系统的模型呢？下面，我们来谈谈与社会系统方法

---

[1] M. W. 瓦托夫斯基：《科学思想的概念基础——科学哲学导论》，求实出版社1982年版第506页。

论还原有关的几个问题。

A. 关于"破坏系统"。美国学者克朗曾指出了不适合用系统分析的场合以及使用系统分析的简单合理的模型和工具所解决不了的几个问题,其中之一便是关于"破坏系统"。它是指"当解决问题时所希望的战略不是考虑系统各个部分之间的平衡,而是要对现存系统进行激烈改变所面临的问题",这类问题的"目的是破坏而不是维护"[①]。例如社会形态的更替(彻底推翻旧的国家制度)就属这类问题。如果我们建立这种更替状态下的具体社会系统模型,其结果即我们所建立的系统的目的是要消灭系统自身。因为我们所要分析的那个系统(例如行将崩溃的封建社会),是正面临着激烈变化甚至灭亡的系统,它的整体将要瓦解分裂,它的系统要素间的功能已不再能协调,它的维持也已不是通过通常的系统协调所能完成,出路只能是彻底消灭这个系统自身,重建一个全新的系统(例如资本主义)。在这种情况下,虽然社会系统质是存在的,但要用简单系统模型还原这类处于激烈变化的系统并企图用一般的系统原则来描述它们,是十分困难的。

这个问题实际与社会学史上一个延续至今的长期争论有关,即帕森斯结构—功能主义的均衡模型和社会冲突论者的冲突模型之间的争论。帕森斯认为,人类社会系统是相互依赖的各个部分或相互之间具有界限的系统构成要素的总和;系统每一要素都具有重要意义,彼此之间以它们各自的功能相互制约。在正常情况下,系统保持均衡状态。在受到外在干扰和内在因素(如科技发展)的刺激时,原有的均衡状态被打破,系统各部分开始进行调整,为适应新的情况而进一步分化,并重建一种新的均衡状态。这种系统自我保持并总是恢复其自身均衡状态的思想,后来遭到了冲突理

[①] 参见 R. M. 克朗:《系统分析和政策科学》,商务印书馆 1985 年版第 17、25 页。

论的批评。刘易斯·科塞认为，帕森斯把冲突看成是社会的负功能，而他则认为冲突对社会有积极作用。他认为比较灵活的社会结构允许存在冲突，而僵硬的社会结构则难以允许冲突，不同的社会结构会产生不同的冲突。那些不涉及基本价值观的冲突有利于系统完善其原有结构，但当冲突在基本问题上无法统一时，则会造成系统的混乱和瓦解。美国社会学家英格尔斯在评价均衡模型和冲突模型时曾指出了均衡模型的一些缺陷，他认为"历史上有大量例证可说明社会经常无法控制已发生的事，因此社会急剧地发生变化，往往干脆消亡了"，而这些用自动平衡论是无法解释的。他指出冲突论者"坚持认为社会生活的基本状况不是协调一致的"，"因此最重要的社会过程并不是努力恢复和谐的状态，即均衡"，均衡模型在支持冲突论的人看来是"有意地或无意地成了维持现状的支持者"[1]。不难看出，冲突论者关于冲突是最重要的社会过程的论点显然是与系统论的协调原则相悖的，而冲突理论关于社会由于冲突而引起急剧变化甚至消亡的解释，恰恰是具有自动均衡（自组织）思想的系统理论所无法描述的。荷兰学者汉肯指出："社会系统的性质一般来说是非常复杂的。这不是故弄玄虚，因为它确实具有相当多的难以说明的地方。这也相当于说，在关于这种系统的分析中，诸如结构功能主义或纯粹的冲突理论等一类泛泛而论的普遍性理论是很难具体解决什么问题的。"[2] 我国学者金观涛和唐若昕在《西方社会结构的演变》一书中，运用系统的"功能耦合原则"推导出了社会系统结构的调节原理，并以此分析了罗马帝国和中国及印度封建社会的结构，可以说是运用系统论分析社会的一个有益的尝试。他们同时也指出了"社会结构调节原理并不是对社会的任何状态都成立。它仅仅刻划了社会适应态，或曰稳态。正如人体、生命和生态组织中，功能耦合仅仅刻划

---

[1] 亚里克斯·英格尔斯：《社会学是什么？》，中国社会科学出版社1981年版第56-57页。
[2] A.F.G.汉肯：《控制论与社会》，商务印书馆1984年版第153页。

了生态平衡、人体健康状态一样"①。可见，作为"破坏系统"的社会系统质，至少从目前来看，是难于用系统理论原则乃至系统模型加以还原的。它表明了社会学中系统理论应用方面存在的局限性。

B. 数学的社会系统模型。在中国古代以及古希腊的哲学思想中，蕴含着丰富的系统思想。刘禹锡在《天论》中曾有："万物之所以为无穷者，交相胜而已矣，还相用而已矣。"王夫之在《张子正蒙注·动物篇》中也有："凡物，非相类则相关""错者，同异也；综者，屈伸也。万物之成，以错综而成用"。这些从整体上认识世界的朴素系统思想以后在很长一段时间内都停留在哲学的层次上，而没有成为"科学"。贝塔朗菲认为这是由于缺乏数学技巧。我们知道，贝塔朗菲创立一般系统论，正是运用了大量的数学语言。数学描述的确是系统论创立时的一大特色。

然而，在社会学的系统分析中，我们是否能够对任何系统都建立数学的系统模型呢？至少在目前，我们可以给予否定的结论。原因不外乎两方面。第一是数学本身的发展尚未达到完善的水平。目前的任何数学方法，无论是联立的微分方程组，还是随机数学或模糊数学，以至社会科学中常用的运筹学等等，所描述的都是很有限的事物。它们可以还原某些特定对象的社会系统，但对更多的社会系统质它们是无力描述的。国际科技发展局在一份研究报告中指出了应用系统分析和运筹学的主要障碍。这份报告说，"存在着许多政治问题，利用系统分析和运筹学也解决不了"②，还说，系统分析和运筹学在某一特定应用中失败的情况之一是系统模型的"某些参数或变量实际上可能不能够用数字表示"③。第二是作为系统的事物本身，并不一定都具备数量化的基础。按照辩证唯物主义"质、量、

---

① 金观涛、唐若昕：《西方社会结构的演变》，四川人民出版社1985年版第68页。
② 联合国国际关系委员会、国际科学技术发展局：《系统分析和运筹学》，中国社会科学出版社1979年版第6、69页。
③ 同上。

度"的概念,任何具有质的事物都具有量,质与量是对立统一的。因而,事物的量是普遍存在的,抽象的数的概念归根到底是现实事物量的特征的反映。但是,抽象的数并不是事物的量的本身,更不是事物本身,否则就会陷入唯心主义。马堡学派就是把数当作一切事物存在的基础和对事物认识的依据,并认为"当我们处在逻辑的和数学的命题领域中的时候,我们就拥有真理的巩固联系的全部总和"[1]。这种观点歪曲了数,是一种数的神秘主义。事实上,事物的量在许多条件下是不能抽象为数的,更难于用数学的方式表达。正因为如此,才出现了大量的非定量而是"定性"分析的科学。社会科学大都属于这类科学,并且社会科学中数学工具的应用,很多不是"定量"的,而是"定性"的,例如运筹学、博弈论、线性规划、网络分析等等就其本质而言都是运用数学方法的定性分析。正如贝塔朗菲指出的:"人们早已一再开始试图创立'完形数学',它的基础不是数量,而是关系即形态和秩序。"[2] 在这个意义上,定性分析中的"量"是本质上有别于事物本身的"量"的。例如3个苹果的"3"是具有表达事物本身量的意义的,但一张社会心理调查问卷中关于某一问题若干判定等级中的"3"并不是某种心理状态自身的量。

由以上的讨论,我们认为,建立关于社会系统的数学模型,固然有着许多优点和广阔的前景,但如果盲目认为任何社会系统质都可以用数学模型还原,则是不妥的。贝塔朗菲晚年也明确认识到了这一点,他在试图建立一个普通系统论的新的科学规范时曾指出:"本文作者对'普通系统论'这一术语给以最广泛的意义。当然,可以把它局限在'技术'含义上,当作一种数学理论来看(正如通常所做的那样)。然而,这种限制是不适宜的,因为有许多'系统'问题,它们的解答需要一种不能用现代数学概念

---

[1] 卡西勒:《认识与实在》,转引自刘放桐:《现代西方哲学》,人民出版社1981年版第119页。
[2] 贝塔朗菲:《普通系统论的历史和现状》第310页。

去表达的'理论'。①"

除了"破坏系统"的难以还原和数学系统模型的难于普遍建立,对社会系统,还存在许多其他系统方法论问题,例如系统论的某些原则,如优化原则、等级原则、协调原则等等,是否能够准确和令人信服地描述社会系统?这并非没有疑虑,诸如一些并非符合时代的甚至具有某些陈腐意识的文化传统、风俗、宗教信仰等等,是不能简单使用优化原则和协调原则的。因为一方面,它们对社会更好地协调的确起着某种消极作用,但另一方面,它们又是社会协调所不可缺少的因素。对于自然界,优化系统和合理系统模型具有基本上的一致关系,最优的即是合理的。但对于社会系统,从系统理论上得出的最优并不尽是合理的。例如共产主义社会当然是最为协调的最优社会系统,但它在目前的中国社会则是不合宜的。如果我们现在就要一步迈向共产主义的理想社会,结果只能刮"共产风"而使现实的社会系统更加不协调。因而,我们不能不承认社会系统中某些不完善因素和过程存在的"合理性",而一旦承认了这些,就意味着现代系统论中某些原则在一定程度上的还原失效。那么,究竟应当如何认识社会系统并建立正确的系统理论?这就向我们提出了社会系统认识论的问题。

(3) 关于社会系统认识论的几个问题

社会学中的系统认识论是与其本体论和方法论联系的。它提出了如何才能认识系统自身并建立正确系统理论的问题。第一,从认识的对象(系统本体)上,我们需要认识哪些社会事物具有什么样的系统质;第二,从认识的途径上,我们应当考虑如何才能正确揭示系统的面貌;第三,从认识的真理性来看,我们所建立的社会系统模型(概念的或者说抽象的系统)究竟在多大程度上仿真了现实的系统。

---

① 贝塔朗菲:《普通系统论的历史和现状》第313页。

A. 关于认识社会事物中的"系统"。这个问题，实际上是十分复杂的。因为在实际中，往往人们把已经存在的系统属性"看成"什么，则系统就"是"什么。例如一片森林，可以看作是一棵棵树木的简单集合，离开哪一棵树木，森林都照样存在，每棵树木作为总体的一部分是可以独立于整体的。按照库兹明的观点，这一棵棵树木并不具有"森林性"。但是另一方面，我们也看到，森林作为一个整体，从乔木层、灌木层到地表面的植物，形成了一个相互增益的立体结构，在这个立体空间中，形成了特有的森林小气候，它促进了植物的生长和动物的繁衍，而动植物新陈代谢中的粪便、落叶、枯草又作为肥料滋养着森林。森林的这些气候的、生态循环的整体效应，是一棵树木所不具有的。在这个意义上，森林又可以看成是一个小的生态系统，它的整体大于部分之和。这种亦此亦彼的现象，正如苏联学者乌约莫夫所指出的：不管怎样的一个客体，不相对它的研究，那就不能得到一种绝对系统属性，相应地也不能得到一种绝对非系统的属性。反之，同样一个客体在不同的任务中，既可以作为非系统来研究，也可以作为系统来研究。① 这种"系统"在人们认识中的不确定性，也反映在社会的系统中，例如社会环境系统。以往有人认为诸如森林、山川、河流、土壤等等仅仅构成总合统一体，因而在取水于河、取粮于土、取木于林时，并不考虑河流、土壤、森林等等的相互联系，为了大炼钢铁而滥伐森林，为了增产粮食而滥加开垦，结果，植被惨遭破坏，沙漠化日趋严重，洪水泛滥成灾，生态环境严重失调，改造自然的人们受到了自然的惩罚。现在，人们已经认识到，社会生态环境也是一个有机的系统。作为整体的部分的森林、岩石土壤、山丘河流、气候条件等等，除了其"部分的"功能外，还在生态环境的总体意义上，对人类生存作出重要的贡

---

① 参见 A. N. 乌约莫夫：《系统方式和一般系统论》，吉林人民出版社1983年版第133页。

献。可见，如果我们把本来具有有机联系的生态系统作为简单汇聚的总合统一体来认识，结果会带来社会决策的严重失误。我国 50 年代以后人口增长过快，也是与对社会系统缺乏正确认识有关的。我们知道人类的社会生产包括物质财富、人口财富、知识财富和精神财富生产四大方面，人口生产作为人类的四大创造活动之一，是不能排除在社会整体系统之外的。以前人们常常认为社会系统内部的协调就是经济基础和上层建筑的适应和协调，这是片面的认识。我国在 50 年代就是在这样的思想指导下，忽视了人口在社会协调发展中的作用，造成人口过盛，给人们的社会生活带来了沉重的负担。现在，我们在吸取历史教训的同时，还应特别重视人口子系统在社会系统中的协调作用，如果仍然把人口排斥在社会系统之外，认为只要控制了人口数量，社会经济、政治的发展就会更加协调，这种考虑未必得当。事实上，如果把人口放在社会系统内部考察，数量仅仅是一个方面。目前，国内外一些学者都很忧虑我国将要出现的"四二一"人口结构模式。这种状况一旦出现，社会的协调发展未必不打问号。在这个意义上，我国的人口发展战略仍然面临着一些值得深思熟虑的重大抉择。

社会系统在人们认识中的不确定性，从根本上说，是由于社会系统质的复杂性和多样性造成的。要把这种不确定变成正确的确定，尚需要我们对社会系统质的存在给予正确的揭示。这里，除了具备正确的社会系统观，还涉及到对社会系统的认识方法和途径。

B. "照相机与透视机"、从大到小与从小到大。贝塔朗菲在提出系统认识论时曾指出："逻辑实证主义认识论（和形而上学）是由物理主义、原子主义思想和关于知识的'照相机理论'决定的，从现代观点看来，它们都过时了。无论是物理主义，还是还原论，它们都要求通过简单地'还原'为组成部分的途径来了解研究对象，并服从传统物理法则，它们都不能作为现代生物学、行为科学和社会科学的适当的分析方法和思维方法。"

"我们反对还原论和把现实看作'无非是……'（一堆物理粒子、基因、反射、干劲以及这种那种事物）的理论，与此不同，我们把科学看作是一些'透视法'，这种透视法是具有生物的、文化和语言禀赋及局限性的人创造出来去对付宇宙的。"① 贝塔朗菲在这里实际提出了两个问题：其一，对系统的认识应当采取"透视法"而不是"照相机法"，即防止只看到事物的表象，而不是透过表象看到事物的内在联系。其二，对系统的研究，需要认识究竟是从整体求部分（从大到小），还是从部分求整体（从小到大，即把整体还原为部分，通过部分的规律了解认识整体的规律）。

这第二个问题，实际上是和人类认识世界的历史有着密切联系的。在中国古代和古希腊的哲学思想中，由于科学和人的认识还没有进步到对自然界的解剖分析，因而他们在认识上习惯于从总的方面考察自然与社会。15世纪以后，自然科学迅猛发展，形成了由部分到整体的分析传统。恩格斯指出："把自然界分解为各个部分，把自然界的各种过程和事物分成一定的门类，对有机体的内部按其多种多样的解剖形态进行研究，这是最近四百年来在认识自然界方面获得巨大进展的基本条件。但是，这种做法也给我们留下了一种习惯：把自然界的事物和过程孤立起来，撇开广泛的总的联系去进行考察"②，从而"堵塞了自己从了解部分到了解整体、到洞察普遍联系的道路"③。19世纪前后，由于三大发现和自然科学的其他巨大进步，人们对自然的认识进一步深化，从而人们"就能够依靠经验自然科学本身所提供的事实，以近乎系统的形式描绘出一幅自然界联系的清晰图画"④。在这个时期，资产阶级革命和社会的发展，也促使他们对社会进行系统的考察，这种社会历史的考察，促成了历史唯物主义和社会

---

① 贝塔朗菲：《普通系统论的历史和现状》第322-323页。
② 《马克思恩格斯选集》第3卷，人民出版社1972年版第60页。
③ 《马克思恩格斯选集》第3卷第468页。
④ 《马克思恩格斯选集》第4卷第242页。

学的诞生，形成了马克思主义和后来社会学中的系统思想的萌芽，至本世纪 30 年代，帕森斯第一次提出了社会系统理论，它与马克思的社会学说和贝塔朗菲的系统论一起，成为当代社会学中系统思想的三个传统。

纵观人们的认识史，可以看到，不论是从部分求整体还是从整体求部分，作为人们认识自然与社会的方法，都具有同样重要的意义，并非可以厚此薄彼。但是，对"系统"的认识，则必须从整体求部分，因为作为系统，部分的规律的总和并不等于整体的规律，整体所具有的功能，作为孤立的部分并不一定具有。如果认为社会系统整体的规律和功能可以通过还原为部分得到，就是错误的认识途径。马克思对人类社会的考察，正是把人的本质看成是一切社会关系的总和，从而从总的社会关系中把握社会中的具体现象的。由此，我们不难得到如下看法：社会系统中的各个部分即使都各自协调，也并不意味着社会总体的协调；而社会总体协调的同时，也可能存在着系统局部的不甚协调。这个时候，我们认识上的优先级是考虑总体的协调，局部的协调应当服从总体的协调。这种从系统论原则上得出的上述看法，在社会实践中无疑是具有重要的认识论意义的。

C. 概念的或抽象的系统。它涉及我们在理论上建立的系统模型的仿真程度，或说理论系统的真理性问题。贝塔朗菲认为抽象系统，即与现实相当的概念系统属于认识上的系统。这个认识上的系统如果反映了现实的系统，它是真理；反之则成为谬误。检验一个抽象系统是否真理，唯一的标准只能是实践。这里，就提出了这样一个问题：在系统理论中，描述同一个对象，往往会同时出现多个抽象系统模型，它们究竟同为真理，还是各自包含着不同的真理性？例如对社会系统的描述，美国学者认为，马克思关于社会形态的模型可描述为三个主要子系统（经济基础、政治和法律上层建筑、社会和文化意识的形式）构成的一个系统[1]，苏联和我国学者都有类似的看法[2]；还有一些学者根据马克思"物质生活的生产方式制约着整个社会生活、政治生活和精神生活的过程"的观点，认为社会可以划分为经济、政治、精神以及社会生活四大子系统[3]；有的学者则认为社会是由实物资料生产系统（M）、社会智能信息生产系统（I）和社会权能信息生产系统（P）三个子系统构成的[4]；著名社会学家托夫勒在他的"第三次浪潮"模式中，认为"任何文明或社会的大部分活动（不是全部）都可以纳入技术、社会、信息、生物、权力、心理领域的总和之中"[5]；帕森斯则认为社会生活中有四个主要的行动系统：文化系统、社会系统、人格系统和行为机体系统。[6] 这些关于社会的系统模型，是与系统的本体论和方法论有关的。从系统本体论上看，由于社会系统质的多样性，仅靠一个抽象系统模型来描述是做不到的；而从系统方法论来看，即使是对于同一系统质，描述的方法仍可能是多样的（例如前面提到的把社会生态环境看成是总合统一体或是有机系统）。因此，对于多系统模型，可以说它正是社会系统质的多样性和系统还原方式多样性的反映。在多系统模型中，并不存在唯一真理的系统模型，任何一个经过科学抽象的系统都具有真理性，都可以从不同的角度反映现实的系统。这样在实际的系统对象研究中，就存在着一个选择模型的问题。对所研究的问题，抽象系统选择得好，仿真现实的程度就高，也就更加逼近真理，反之，我们则可能对问题

---

[1] 参见 D. 麦奎里等：《马克思和现代系统论》，载《国外社会科学》1979 年第 6 期第 2 页。
[2] 参见金观涛、唐若昕：《西方社会结构的演变》第 63 页。郑杭生：《社会学对象问题新探》，载《社会学研究》1986 年第 1 期第 68 页。
[3] 参见 B. П. 罗任：《马克思主义社会学导论》，华中工学院出版社 1982 年版第 47-48 页。
[4] 参见黎鸣：《社会改革与系统理论》，载《百科知识》1985 年第 6 期第 31 页。
[5] 阿尔温·托夫勒：《预测与前提》，国际文化出版公司 1984 年版第 204 页。
[6] 见帕森斯：《结构功能论在当前社会学中的地位》，载《现代社会学结构功能论选读》，台湾巨流图书出版公司 1981 年版第 109 页。

不得其解甚至出现谬误。例如我们在研究中重点考察社会信息，采用"M—I—P"系统模型可能比其他模型有效；而若我们所关心的是社会行动，则帕森斯的系统模型更值得我们参考。同样，关于马克思社会形态的"三系统"说，对于社会形态的考察以及社会政治、经济和意识形态几大方面的互动研究亦具有十分明显的意义。这些不同的抽象的概念系统在不同场合的应用中检验着自己的真理性，使其理论得到不断的完善和成熟。

至此，我们简要地讨论了社会学中的系统哲学问题，我们旨在提出问题而不是得出什么断然的结论。我们认为，在社会学中应用系统理论是一个好的势头，这有利于促进社会学的发展，是有前途和有意义的。但就目前来看，这种应用尚停留在比较浅的层次上，还没有形成关于社会系统的理论体系。社会系统的原则，大多移自贝塔朗菲的一般系统论，但在解释现实社会时困难颇多。这些，都需要社会学者们进行新的开拓，去创造、提炼、丰富和完善社会的系统论，并促使社会学理论和实践水平的提高。在这个意义上，首先从系统哲学和科学方法论上来一番认识，想必是不会徒劳的。

三、社会学对象的实践方面

（一）我国社会主义实践提出的迫切问题

把我们现在要建立的马克思主义社会学主要地了解为关于社会主义社会良性运行和协调发展的条件和机制的综合性具体科学，不仅仅是理论思索的结果，而且也是我国社会主义实践的教导。这可以从历史和现实两方面来看。

1. 历史经验的教训

为什么建国 30 多年来，我国大部分时间处在有障碍的常态运行状况，甚至陷入"文化大革命"这样的全面恶性运行，而真正实现良性运行和协调发展的时间不是很长呢？其中一个原因，就是缺乏社会良性运行和协调发展的战略眼光，因而不能采取有效的对策和有力的措施，反而自觉不自觉地做了不少妨碍社会良性运行和协调发展的蠢事。这种种痛苦的经验教训使我们越来越认识到，研究社会良性运行和协调发展的条件和机制，是一个关系到我国社会主义制度优越性能否发挥、"四化"建设能否实现的大问题。

以北京为例,看一看我国在城市建设指导思想上的变化,也许能使我们对这一点有更具体深切的理解。

过去很长时间内,"变消费城市为生产城市"成了城市建设不容置疑的战略方针。现在在评价这个方针时,存在着意见分歧。我们认为,今天评价这个方针,应将它所起的历史作用和它本身是否科学二者区别开来。如果将这二者混在一起,就难于给以正确的评价。

就这一方针在解放初期所起的作用看,它批判了象旧北京这样的大城市为历代封建统治者的奢侈消费服务的寄生性、腐朽性,促进了北京现代工业的巨大的又是片面的发展。同时联系到当时我国面临的严峻的形势和客观情况,提出这一方针是有原因的,而且它也不失为一种选择。

但是,就这一方针本身的科学性、合理性来说,则不能说它一开始是科学的、合理的,只是后来才走向自己的反面;至多说它的不科学性、不合理性开始尚不明显而已。因为所谓科学性、合理性都是说它在展开过程中能够表明自己是合乎客观事物规律的。但事实已经表明,这一方针在实施过程中愈来愈暴露出它的片面性、局限性,造成了很多不良的后果,而没有表现出什么合规律性。它的片面性至少有:

第一,它没有用社会的经济、政治、思想文化三大系统以及社会与生态环境之间相互联系的观点去看城市,没有看到城市是一个由经济、政治、思想文化和生态环境组成的综合体,而仅仅着眼于生产和消费这样片面的经济观点看城市。

第二,即使从生产和消费的关系看,它没有用生产和消费又对立又统一的观点看问题,而是把不可分离的生产和消费割裂开来。事实上,正如马克思的《资本论》指出的,生产过程即是消费过程,因为在生产过程中必然要消费掉劳动对象和劳动资料；反之，消费过程也即是生产过程，因为劳动者在消费掉个人生活资料的同时就生产着劳动者本身。用这种把生产和消费截然对立的观点来看北京和其他城市，似乎它们以前只有消费，而没有生产，而这之后则要变成只有生产而无消费的城市。这显然是与事实不符的、不能成立的。

第三，即使从消费本身看，它把消费只看作纯粹的消耗，而没有看到消费的积极作用。我们知道，离开消费，生产不能发展，市场不能繁荣，就业不能扩大，消费者的要求不能满足。

第四，而就生产本身来说，它只看到物质生产，而没有看到其他生产。现在情况越来越清楚，随着社会的发展，象科学、教育、信息等非物质生产部门对物质生产部门的作用，显得越来越重要。

所以无论从那一方面看，"变消费城市为生产城市"的方针，都是片面的、缺乏科学性的。

正是在这个方针的指导下，首都的特殊性质和任务、首都与其他大城市的不同，没有得到认真考虑，所强调的是要把北京变成与全国其他城市一样的生产城市。人们记得，50年代末曾提出"争取在五年内把北京建成一个现代化工业基地"，60年代又提出北京要"建立独立自主的工业体系"，直到党的十一届三中全会之前，还在继续强化北京的重型经济结构。这样，北京工业建设的规模之大、速度之快，超过天津和上海。据一份研究报告统计，到1980年，北京全市共有企业2 733家，三环路以内有1 383家，四个城区1 114家。重工业比例过高，曾达64.5%，高于上海（48%）、天津（50%）。工业职工就业人口占43%，高于东京（28%）、巴黎（29%）和莫斯科（27%）。[①] 总之，北京形成了一个与首都的性质

[①] 见缪青：《首都文化结构的变迁与未来》，载《首都社会结构调查与研究》，北京市社会科学研究所社会学研究室第59页。

和任务不相适应的畸形的重型经济结构。

也正是在上述方针指导下,首都北京和全国其他城市普遍地产生了"城市病"。所谓"城市病"主要指城市基础设施的建设远远落后于整个国民经济发展、工业发展和城市发展的速度所造成的病态,用通俗的话来说,就是重生产、轻生活所造成的二者的失调、失控。城市基础设施指供电、供热、供水、排水、交通、邮电、环境、防灾等居民的基本生活条件。"城市病"的主要表现有:道路堵塞、供电供水不足、电话不畅、环境污染等。一份研究报告曾把北京的这种城市病概括为七种不协调。依次引述如下:

一是与城市建设速度不协调。据这次调查研究,城市基础设施投资应占城市固定资产投资的35%,而35年来只占23.3%;地方性基础设施投资应占18%,而实际只占7.7%。

二是与国民经济的发展速度不协调。据1983年的统计,北京工业总产值比1949年增长近250倍,年递增速度为17.6%,而各项基础设施的发展均低于这个速度。电信弹性系数,即电信业务总量的增长速度与工业总产值的增长速度之比,国际上一般应为1.4至1.9,而北京实际仅0.02。电力弹性系数一般都应大于1,而北京实际仅为0.91。

三是与人民群众不断提高的生活水平不协调。家用电器发展很快,全市电视机普及率为91%,电冰箱为7%,电风扇为68%,洗衣机为29%。但是供电不足,1984年全市拉闸限电4.8万次。

四是与房屋建设不协调。年竣工800万平方米房屋建筑,需同步增加日供水能力20万吨,日供气能力40万立方米,每小时供热能力520个百万大卡以及其他相应配套能力。但长期以来没有进行同比例建设。再加上分散建设,造成基础设施以线赶点,加剧了比例失调。1979年以来,因城市基础设施不配套,每年均有一批建成的住宅不能及时交付使用。

五是城市各项基础设施之间的比例不协调。城市各项基础设施之间是紧密联系、互相依存，有些甚至是相互替代的。城市居民自来水供应已经普及，而下水道普及率仅为27.3%，致使污水严重污染环境。电话落后，接通率仅30%，产生了大量不必要的客运交通流。公共客运交通车辆35年增长了55.7倍，但道路长度仅增长了11.7倍，影响了客运交通线路网的发展。

六是每项设施内部结构不协调。部分地段输水管网的配水能力低于水流供应能力，有水供不上；部分地区输变电能力低于供电能力，有电输不进；部分排水设施"上游"能力大于"下游"能力，致使雨、污水排不出去，漫流路面。

七是建设投资和维护费用不协调。1984年与1979年相比，增加道路378公里，下水管线347.7公里，垃圾清运量107万吨，道路清扫面积1 196万平方米，树木670万株，而维护费始终是1亿元左右。[1]

这种情况在其他城市也程度不同地存在。据1984年底统计，全国有184个城市缺水，40个重点城市严重缺水。城市大部分污水未经任何处理直接排入天然水体，污染严重。城市居民80%仍以煤为燃料，96%分散取暖，浪费能源，污染环境。[2] 上海的交通问题更加突出。解放30年来，上海全市机动车增长了10倍，非机动车增长了16倍，而城市道路的面积仅增长1.5倍，因此人多、车多、路少的矛盾十分尖锐。据统计，全国城市市区交通，平均车速由60年代的每小时30公里下降到1984年的15公里。[3] 这种"城市病"给生产带来了严重损失，给居民的生活造成了极大不便。这种"城市病"不是别的，正是城市的良性运行和协调发展的机制

---

[1] 见薛洪江、刘岐：《北京城市基础设施》，载《城市基础设施》，北京燕山出版社1986年版第8—9页。

[2] 见莫新元：《快快医治"城市病"》，载《人民日报》1985年7月18日。

[3] 同上。

发生故障，程度不同地陷入了"生产影响生活、生活影响生产"的恶性循环以及片面抓生产的畸形发展。这种"城市病"终于成为当前制约我国城市发展的主要原因，成为引人注目的社会问题，这是对长期在"左"的影响下没有用社会良性运行和协调发展的观点看待和处理城市发展问题所付出的代价、所受到的惩罚。

"变消费城市为生产城市"的后果，直到十一届三中全会后，才开始得到改变。1980年4月，中央书记处对首都建设方针作了四项重要指示；1983年7月，党中央、国务院又对《北京城市建设总体规划方案》作了重要批复。这两个指导性文件主要明确了下列几点：

第一，关于北京城市的性质。批复指出："北京是我们伟大社会主义祖国的首都，是全国的政治中心和文化中心"；"北京的城市建设和各项事业的发展，都必须服从和充分体现这一城市性质的要求"。这就是说，首都建设要为党中央、国务院领导全国工作和开展国际交往，为全市人民的工作和生活创造日益良好的条件；要在社会主义物质文明和精神文明建设中，为全国其他城市树立榜样。

第二，关于北京经济结构的调整。四项指示明确指出：北京"不一定要成为经济中心"，但是，"要使经济不断繁荣"。批复进一步指出："北京城乡经济的繁荣和发展，要服从和服务于北京作为全国的政治中心和文化中心的要求"；"工业建设的规模，要严加控制"；"今后北京不要再发展重工业，特别是不能再发展那些耗能多、用水多、运输量大、占地大、污染扰民的工业，而应着重发展高精尖的、技术密集型的工业"。

第三，关于严格控制北京城市人口。既控制全市人口数，又控制和疏导市区范围内的人口数。

十分明显，上述新指导思想贯穿的正是在北京是政治中心和文化中心这个前提下争取经济、政治、文化和环境良性运行和协调发展的战略观点，而与强调让北京成为生产城市的片面经济观点具有本质的区别。其实，即使象上海、天津这样的经济中心，也不能简单地称为"生产城市"，它们也要在经济中心这个前提下，争取各自的经济、政治、思想文化和环境的良性运行和协调发展。

正是由于贯彻上述新的指导思想，现在北京城市建设与以前相比，取得了很大进展。据统计，五年内完成城市基础设施投资35.8亿元，年均投资7.16亿元，为前30年年均2.44亿元的2.9倍；其中1983、1984两年合计完成投资18亿元，年均9亿元，为前33年年均投资的3.3倍。[①] 这就为首都社会和经济的发展、为人民群众生活方便创造了较以前为好的条件，也开始为日后首都社会的良性运行和协调发展做了必要的准备。

当然也必须认识到，由于过去欠帐太多，积重难返，城市病的问题、经济结构畸形问题等，并不是一朝一夕能够解决的，与世界上一些首都相比，北京的差距还很大，要真正做到良性运行、协调发展，还要经过长时间的艰苦努力。可喜的是，我国终于有了正确的城市建设的指导思想，并且开了一个好头。更可喜的是，这一点已不限于城市建设问题上，而且还表现在全国的指导思想上。现在我国把"七五计划"叫做《国民经济和社会发展第七个五年计划》，而不单纯地叫做国民经济发展计划，应该说是认识上的一大飞跃，即认识到了经济与社会的良性循环和协调发展的重要，认识到了在推进物质文明建设的同时大力加强社会主义精神文明建设的重要。

2. 现实生活的要求

现实生活也越来越尖锐地提出了重视社会良性运行、正视社会中性运

---

① 见薛洪江、刘岐：《北京城市基础设施》，载《城市基础设施》，北京燕山出版社1986年版第8页。

行、避免社会恶性运行的问题。我们面临的许多社会问题，例如污染问题、人口问题等等，无一不是与忽视这一点有关。河南巩县不顾社会后果地发展乡镇企业而造成的"富"与"脏"的矛盾，是另一个十分典型的例子。[①] 河南巩县乡镇企业发展快、农民收入多，人均达到 900 多元，居全省首位；同时乡镇企业排放的废气、废水、废渣严重地污染了环境，人畜的健康和生命受到了巨大威胁。据河南省职业病防治所等单位在伊洛河巩县地段两岸 13 个大队调查，癌症的发病率和死亡率，近几年来明显上升。其中食道癌、胃癌高于其他癌症，说明与饮水污染有关。另据调查，在氟化物污染严重地区，不少人和牲畜患了氟骨病、氟斑病。有些村庄已无牛耕地。这种失调和障碍表明，也正如《人民日报》评论员的文章指出的，巩县的"富"在很大程度上是建立在"脏"的基础之上、以牺牲环境为代价换取来的。这样的"富"当然是不能持久的。[②] 之所以发生上述情况，从指导思想上看，是巩县的一些领导同志有盲目追求高产值、高利润的单纯经济观点——"干啥赚钱就干啥"，却缺乏社会良性运行和协调发展的全面战略观点。如果有后面的观点作指导，就会比较正确地处理经济与环境的关系，在尽可能保护环境的前提下发展经济，从而逐步形成环境保护和生产增长相互促进和协调发展的局面。从这里可以看到，树立社会良性运行和协调发展的观点的重要以及缺乏这种观点的危害。

巩县出现的情况，在我国并不是个别的。我国现有企业 40 多万个，90% 以上是中小企业。中小企业一般说来，技术装备较落后，原料能源浪费较大，结构布局不甚合理，对环境的污染较严重。近年来，乡镇企业发展又十分迅速，总数已有 150 万个左右，再加上众多的城市街道企业，数量十分巨大。一般来说，它们基本上没有防污能力和措施，问题比中小企

[①] 见王黎江、王子强：《巩县的"富"与"脏"》，载《人民日报》1985 年 7 月 18 日。
[②] 见《当心环境的惩罚》，载《人民日报》1985 年 7 月 18 日。

业更严重。它们成了我国环境污染由点到面、由城市到农村蔓延的重要渠道之一。其后果实在令人担心。这几乎是我国特有的一个环境问题。在这种情况下，各级领导人员树立社会良性运行的观点，争取经济发展和环境保护之间良性循环，就显得更加迫切、更加重要。这方面应大力宣传做得好的典型。象广东省顺德县乡镇企业的产值很高，全县生态环境却保持着良好状态的做法[①]，就值得很好研究和推广。

我国生态环境现在已经遭到严重破坏。而且这种破坏是在社会尚未充分发展的情况下出现的。因此要调整社会和自然的关系，必然会遇到社会发展与环境养护之间的矛盾，难度是很大的。这就更需要各级领导干部要有远见，不能急功近利，更不能以牺牲环境为代价来求得经济的发展。

为了保证这一点，我们认为应建立一种新的评价社会发展和考察干部的指标体系。我国过去多年来用工农业总产值指标，反映工业和农业这两大部门的生产规模和增长速度；对各地区来说，这也是考察该地区干部工作的主要标准之一。这种指标，并未包括全部社会劳动成果，未考虑收入分配的合理性，计算也多有重复，不仅不能确切地反映国民经济与社会发展的实际情况，更重要的是缺乏效益指标和质量指标，同样重要的是也没有考虑生态环境的因素在内；对各地干部来说，也助长了他们的单纯经济观点和任务观点。从社会学的观点看，衡量社会发展、考察干部工作的评价体系或指标体系，至少应当包括社会生产、人民生活和生态环境三大要素，包括经济、社会和生态三种效益，即是说，至少包括生产、生活和生态三类指标组成的指标体系。这种指标体系，既有利于促进经济发展、人民生活改善和生态环境养护之间的协调，又有利于推动各级干部树立社会良性运行和协调发展的战略观点。

---

① 见《人民日报》1985年5月21日第2版。

既然社会主义的历史经验和实际生活都尖锐地提出了社会良性运行和协调发展的问题，而社会学又正是以系统地研究社会良性运行和协调发展的规律为自己的对象的，因此，社会学和社会主义实践二者，便通过良性运行和协调发展这一点结合起来了。

（二）社会学与改革

改革是我国当前最重大的社会主义实践。有了社会良性运行和协调发展这个社会学的角度，就会更好地理解我国体制改革的必要性、改革的目标、改革中应注意之点以及为什么必须要配套改革等问题。

1. 改革的必要性

从社会学角度看，体制改革的必要性，就在于只有改革才能使我国社会从目前中性运行和模糊发展进化到良性运行和协调发展，而避免退化到恶性运行和畸形发展的不幸局面。换言之，要说清楚改革的必要性，就要说明白为什么不能满足于社会的中性运行或有障碍的常态运行。

第一，有一定障碍的社会常态运行虽然在一定时期内也在前进，但是，由于它未能基本消除引起运行障碍和发展不平衡的各种原因，因而潜伏着破坏常态运行与发展的不利因素。一旦遇到主客观方面的问题，如主观指导的某些偏差、领导人员的更替、客观上的自然灾害、国际关系恶化等等，社会的常态运行就有可能转变为恶性运行、畸形发展。从我国改革前的状况看，这些潜伏着的不利因素包括：经济上，过分单一的集中的经营形式，国家对企业统得过多、管得过死，使企业失去活力；分配制度上的平均主义"大锅饭"，劳动者的责、权、利互相脱节，使他们很难长期保持劳动积极性；忽视价值规律和市场作用，价格体系处于不合理状态；政、企职责不分，互相扯皮，使工作不能顺利展开；等等。从政治体制看，主要弊端是：官僚主义现象在我们的内部事务中或在国际交往中都已达到令人无法容忍的地步；权力过分集中于个人或少数人手中，这种状况已不能适应社会主义事业的发展；家长制作风使个人凌驾于组织之上，组织成为个人的工具；干部领导职务终身制现象和形形色色的特权现象已引起群众的强烈不满。[①] 其中，干群关系问题尤其值得引起我们高度重视。其他体制，如教育体制、科技体制等，也都不同程度潜伏着种种有可能危害全局、在某些情况下会破坏社会常态运行的因素。因此，不改革，只求中庸反而达不到中庸。只有下大决心搞改革，才是保证社会长治久安的具有远见卓识的英明之举。为了今后社会能长时期地良性运行、协调发展，现在大胆改革，担一定风险也是值得的。

第二，有一定障碍的社会常态运行虽然也可以向前发展，但是它的发展速度受到很大限制。按这种发展速度，不可能在今后几十年内根本改变我国的经济落后状况，不可能赶上经济发达国家，也不能适应现代的、开放型的社会发展之要求。建国 30 多年来，从我国社会机制运转的状态看，可以说真正实现社会良性运行和协调发展的时间是不长的，良性运行总是保持不了多久，总是很快就被社会运行的障碍与发展比例的不协调所打断。当然，这种障碍与比例不协调在多数时间里还未危害或破坏社会的常态运行。因此可以说，建国 30 多年来，在大部分时间里，我们的社会机制是处于有障碍的社会常态运行与发展状态的。与解放以前和解放初期相比，我国的社会面貌确实发生了根本变化，政治、经济诸方面都大大向前发展了。但是，如果我们不仅做封闭式的纵向的历史比较，而且用开放型

---

① 参见《邓小平文选》第 287-292 页。

的眼光，与世界各国做横向比较，那么，就会看到，我们所取得的成绩还是初步的，与经济发达国家相比，我们在经济、科技、文化的发展上尚有很大差距。例如，从人均产值、收入和教育发展来看，我国按人口平均的国民收入1981年为每人396元，与1952年的每人104元相比，增长了将近三倍，这是个不小的进步。但是，若与经济发达国家相比则差距甚大。根据世界银行的统计，1981年全世界170个国家和地区的人均国民生产总值，按从多到少的位次排列，中国居第148位，不仅居所有发达国家之后，而且落在多数发展中国家之后。为使我国尽快实现四个现代化，进入经济发达国家的行列，我们就不能苟安于步履艰难的、有障碍的社会常态运行，而要下大气力改革我们的体制，使之实现良性运行和协调发展。

2. 改革的目标

从社会学角度看，我国体制改革的目标，是实现我国社会主义的整体及其各个组成部分的良性运行和协调发展。这个目标与发展生产力的根本目标相辅相成、并行不悖，它也是发展生产力的社会条件。忽视整个社会的良性运行和协调发展，发展生产力的目标最终是不能实现的。具体说来，这一目标的内容大致可分为以下三个层次。

第一个层次是社会三大系统的良性运行和协调发展。经济体制改革应以实现社会的经济发展、政治发展与思想文化发展这三个系统之间的良性运行、协调发展为根本目标。当然，除了各个系统之间的关系外还有一个各个系统内部的良性运行和协调发展问题。例如，就经济发展内部关系而言，目前应注意做到控制经济增长速度，以便使原材料供应、能源的开发利用和交通运输的条件诸方面协调发展；基本建设的规模、固定资产增长的速度应与建材、设备的生产增长相适应；消费基金的增长，工资、奖金、信贷的发放，应与实际生产增长和支付能力相适应；等等。但是，研究各个系统内部的运行与发展，与其说是社会学的任务，不如说是经济学、政治学及其他各门学科的任务。社会学更注重的是各个系统之间的运行与发展。从这里的第一个层次说，社会学注重的是体制改革要实现经济发展与政治发展、经济发展与思想文化发展的协调。

就经济发展与政治发展的关系而言，目前应在改革中重视法制建设与民主建设的配合问题。前一段时间里，由于法制建设没有跟上经济体制改革的步伐，结果造成了两个系统之间运行和发展上的障碍与不协调。改革中出现的"新的不正之风"——党政机关干部经商办企业、乱涨价、滥发奖金、损公肥私等等——之所以能在一段时间里甚嚣尘上，重要原因之一，是经济上搞活、松绑、放权的同时，经济立法、执法以及法制宣传等工作没有跟上，坏人乘机钻空子，违法乱纪。比如，在法制比较健全的国家，对于国家公务人员兼职从事营利性活动都有严格限制，而我们在大办公司的热潮中就没有及时从法律上做出限制，结果出了很大的偏差。此外，在法律的实施上也有一个协调问题。比如，经济合同法已经公布很长时间了，然而学习与宣传工作没有跟上。目前有不少单位，虽然订立了经济合同，但是不讲信用，随意中止合同的事件屡见不鲜。也有些合同内容不完备，有些合同缺少立约条件因而合同本身就潜伏着无法执行的隐患。同样道理，民主制度的健全也是实现经济系统与政治系统之间良性运行和协调发展的重要条件。这一点，连资产阶级都很重视。西方的现代管理理论和行为科学等都非常注意运用民主管理的方法，鼓励职工发表意见，甚至让工人参加企业的某些管理。目前联邦德国职工人数在 2 000 人以下的企业，监事会成员中三分之一是职工代表。法国各工厂普遍成立"企业委员会"，其成员由各派工会提名，经职工选举产生。我们是社会主义国家，从本质上说，我们是真正实现了人民当家作主的民主国家，民主制度的发展对于经济现代化具有更重要的意义。只有建立起完善的民主制度，人民真正感到自己是国家的主人，他们才可能积极主动、心情舒畅地投身于"四化"建设。同时，只有发展民主制度，让人民群众能充分发表意见，对于经济改革的利弊得失敢于直言，领导者才可能在总结群众经验的基础上制定出符合实际的政策。这也就是为什么在企业实行厂长负责制，又同时必须发展和完善相应民主制度的道理。

实现经济体制与社会思想文化体制之间的良性运行和协调发展，是改革必须重视的又一个重要目标。经济的发展和经济体制的改革，需要生产经营者有较高的技术素质与文化修养，也需要思想、理论、理想、信念、伦理、道德等观念上的协调发展相配合。

首先，经济发展和经济体制改革需要有新的、能指导人们实践的、彻底的、能说服人的理论相配合。到目前为止，改革还主要是"摸着石头过河，走一步看一步"。这种情况虽然在某些时期是不可避免的，但长此以往不行。目前，不少人之所以对改革还有这样那样的怀疑，重要原因之一就是我们的经济体制改革理论准备作得不够充分。经济体制改革决定的基本原则是非常好的、非常正确的，但是这毕竟还只是一些最基本最一般的原则，还不是一个彻底的、完善的、有说服力的完整理论，作为指导改革的方针它们还需要逐步丰富和完善。另一方面，本来应当起到全面理论论证作用的现行的社会主义政治经济学及其他经济学教材，在内容上却又明显落后于经济体制改革的步伐。这一点要赶快补课。当前我们要注意发挥理论工作者的作用，在改革的同时进行广泛的理论研究，否则，理论上不成熟、说不通，人们疑虑重重，改革就会举步艰难。

其次，经济发展和经济体制改革需要人们的理想、信念的发展与之协调一致。世界上凡是经济上获得重大成功的国家，都很重视各自的理想、信念系统与经济系统运行和发展上的协调一致。我们是社会主义国家，我们历来重视共产主义思想教育。搞改革，这个"法宝"不能丢。当前应着重四方面工作。第一，要坚持多年来行之有效的共产主义理想教育，使它变成巨大的精神力量、精神支柱，推动亿万人民投身改革，献身"四化"。第二，要结合改革中出现的新情况，联系实际开展生动、有效的思想政治工作，使理想、信念与改革中的新形势能协调一致。例如，当前应使人们正确认识"一部分人先富起来"与共产主义共同富裕的一致性，发展个体经济、引进外来资本与最终实现全社会公有制的一致性，正确处理好按劳分配、多劳多得与为共产主义奋斗不计个人名利报酬的关系，等等。第三，应开展多样化、多层次的理想教育。在坚持共产主义大目标的前提下，针对不同人、不同情况进行多种理想教育。第四，要抵制与改革相违背、与共产主义信念背道而驰的腐朽没落思想的侵蚀，否则，将会造成人们思想上的混乱，给改革带来重大损失。

再次，经济体制改革还需要人们抛弃与改革不适应的传统观念，树立适应改革的新观念。在这方面，我们面临的任务也相当繁重，比如，要发展商品经济就要使人们改变传统的轻商思想，要真正实现按劳分配、多劳多得就要破除平均主义"大锅饭"，等等。

第二个层次是指社会主义的各种系统、各种制度、各个方面之间的良性运行和协调发展。经济、政治和思想文化是社会主义统一体的三个基本方面，但是仅仅注意到这一层次的运行和发展还不够。因为，一方面，社会生活的许多方面并非都简单地包括在三大系统之内；另一方面，所谓三大系统，还只是从较高的位置上远距离地观察一个社会，如果我们走得更近一些，就会发现社会制度、社会关系包含许多具体内容。这一层次的内容十分广泛，这里只能结合当前的体制改革，着重谈谈以下几个方面。

首先，体制改革应以追求科学技术发展与经济发展的协调一致和良性运行为目标。我们之所以强调这一条，不只因为我国漫长的封建社会轻视科学技术，造成了科技发展的长期停滞状态；也不只因为我国科技发展与经济发达国家相比处于十分落后的地位；而且因为，长期以来我们的科技体制存在着许多弊端，造成了科技与经济发展的不协调状况。最突出的是科学技术研究与生产实际相脱节，科研管理体制也过于单一，科研成果通过行政渠道无偿转让给生产单位。这样的做法不利于科技发展，不利于科学技术迅速转化为生产力，也不利于科技人员提高积极性，发挥聪明才智。

其次，体制改革应以追求教育与经济发展的良性运行和协调发展为目标。发展经济离不开教育，在科技高度发展的现代化生产中，需要大批具有较高的文化水平和各种专门知识的人才，没有人才，再好的机器、设备也只能是一堆"废铁"。我国长春汽车制造厂1980年的调查表明：工人文化程度的高低与劳动生产率成正比，具有业余大学文化程度的工人比初中以下文化程度的工人完成定额多20%～30%，而且他们的工具损耗率要低得多。目前，我国教育事业落后与经济发展不平衡的情况十分严重。1982年全国人口普查结果表明，全国12岁以上的文盲、半文盲为23 582万人，占全国人口的将近四分之一。教育的落后已成为经济发展和经济改革的严重障碍。因此，当前发展教育的任务的重要性和迫切性并不亚于发展经济本身。

再次，社会主义家庭及家庭关系的建设应与体制改革协调一致。这种一致性对于体制改革和经济发展具有多方面的促进作用。从婚姻方面看，美满的婚姻关系是社会安定的重要因素，而婚姻纠纷的上升则是社会动荡不安的重要标志。从家庭关系看，良好的家庭关系，和谐的夫妻、父子、母子关系等，是使人心情舒畅、一心一意搞好本职工作的重要保证。从家庭的管理看，目前很多干部、教师、科技人员之所以不能在事业上做出更大贡献，一个重要原因是他们将过多的宝贵时间和精力花费在繁重的家务劳动之中了。如果社会服务与劳务系统残缺不全的状况不及时改变,大批有才干的人都受家务之拖累,那么,现代化的最终实现就是不可能的。

最后,体制改革应以追求社会保障、保险系统与经济改革的协调发展为重要目标。经济体制改革的一个重要方面是要改变层层吃大锅饭的现象,破除平均主义。这当然是好的。但是,也应注意保障人民的基本生活、医疗卫生和教育条件,否则将引起社会动荡。社会保障、保险系统的良性运行是现代社会能存在与发展的重要条件,也是经济体制改革得以顺利开展和取得成功的重要因素,因此它的良性运行和协调发展也是改革与社会变迁之重要目标。此外,象社会关系的协调发展,社会生活、社会娱乐、社会福利系统的协调发展,以及社会决策系统、社会监督系统的良性运行和协调发展等,都是整个社会良性运行和协调发展的重要方面。

第三个层次,是说社会主义社会不仅要实现宏观上的良性运行和协调发展,而且要实现微观上的良性运行和协调发展,要实现宏观与微观的统一。前面谈的第一、第二个层次基本上都属于社会宏观系统的运行、发展,即从全社会的角度,把一些重大的、基本的关系摆正、理顺,但这并不是说不要重视微观上的问题。社会的宏观系统是由微观系统构成的,社会宏观系统中的政治、经济、思想、家庭婚姻、社会关系等的良性运行和协调发展,都要有微观上的各个政治团体、组织、企业、公司、文化单位,甚至各个家庭的良性运行和协调发展作为基础和保证。不仅如此,我们之所以强调宏观与微观的统一,还因为社会主义社会是自文明时代以来,第一个以满足最大多数人的最大利益为自己目的的社会。这一本质特征要求社会主义宏观上的良性运行和协调发展最终要为实现这一目的服务,即宏观上的良性运行和协调发展最终是要为人民的利益得到充分满足创造一个良好的环境,最终要表现为广大人民在社会生活各个方面的和谐与美满。而且,在一定意义上可以说,微观上的良性运行和协调发展,也是广大人民衡量与检验宏观上的良性运行和协调发展的重要尺度之一。

怎样才算实现了微观上的良性运行和协调发展呢？这个问题，从不同角度出发，回答也会不同。但是，如果就微观上的良性运行和协调发展最终要表现为人民的利益与要求得到充分满足这一点而言，那么它应表现为：人民的基本生活条件（衣、食、住、行）的逐步改善，物质生活水平和生活质量的逐步提高，生活和工作环境的逐步改善，工作的条件、待遇、地位的逐步提高，人民在社会交往中平等相处、友善互助与和谐一致，以及人民的文化水平、道德水平的逐步提高，广大人民精神振奋、心情舒畅，普遍有着安定感、安全感、和谐感和满意感。

3. 改革中应注意的问题

我们对改革的成功充满信心，但同时也必须清醒地看到，就改革与社会变迁的一般前景而言，从来都有两种可能性。一种是改革大体上实现了（必然会有某些修正）人们预期的目的，因而是成功的改革。另一种是改革没有实现预期的目的或甚至更糟：由于原来的运行机制与条件已经被打乱，结果引起社会动荡，造成社会混乱，社会由常态运行转变为恶性运行。这后一种可能性不是没有的。因此，为争取改革的成功，我们必须做出十分艰苦的努力。在这里，关键是要找到正确的途径，运用正确的方法来实现改革的目标。我们认为，从社会学的角度看，在改革的途径上，当前应注意以下几个方面的问题。

第一，制订改革的计划、方案时，必须进行多线条、多方面的综合性思索。社会主义社会是一个各方面普遍联系的统一体，某一方面的改革必然会引起全社会其他方面的变化。因此，制订改革的计划、方案就不能只做单线条、单方面的思索，也不仅是双线条、双方面的，而必须是多线条、多方面的，即从综合平衡的角度看它是否对全社会有利，是否在各方面都具备实施的条件。例如，考虑一个改革方案，应该不仅从领导的角度，也从群众的角度；不仅从必要性的角度，也从可行性的角度；不仅从时间的角度看轻重缓急，也从空间的角度看是否协调了各方面的利益。一个好的改革计划、方案，必须经得起多线条、多方面的考验。以医疗事业的改革为例，与发达国家相比，我国医疗事业还是较落后的。造成这种落后的一个重要原因，是我国医疗事业收费过低，与其他国家相比，相差几倍至几十倍。目前，医疗成本大大高于实际收费的现象普遍存在，这种情况导致医院长期亏损。据统计，目前我国医院年平均亏损额为：省级医院105万元，地方医院50万元。因而，医院长期靠国家补助、财政拨款，越办越穷。这样看来，在改革中大幅度提高医疗收费标准是势在必行了。但这仅仅是从一个角度考虑。从另一个角度看，我国十亿人口，八亿农民，广大农村目前还没建立医疗保障事业。从总体上说，农民近年来刚刚解决了温饱问题，如果医疗费大幅度提高，使农民看不起病，那将引起更严重的社会问题。再者，我们社会主义国家的医院与资本家开的那种以营利为目的的医院不同。因此，医疗收费是要改革，但对于改革的幅度、范围、时间，都要进行周密的调查和研究。

不仅有关全社会范围内的改革计划必须进行社会学多角度的思考，就是小至一个单位、一个工厂的改革计划也必须做多线条、多方面思考，不仅应综合考察本单位的各方面情况，而且要考察全局以至全社会的利弊得失，要从大局出发。

第二，做好社会预测，特别要对改革中可能遇到的困难多加考虑，尽量做到提前采取措施，疏通改革渠道，减少改革阻力，避免事后做大幅度纠正。目前，我们在这个问题上有两点不足：一是对社会预测的重要性认识不足。一些同志片面理解"改革要摸着石头过河，走一步看一步"，存在着"车到山前必有路"的想法。因而在计划实施前未能做广泛的社会预测，结果对改革中可能出现的问题不甚了了。二是在计划实施前，人们的预测多是一边倒地讲改革成功的一面及成功后的美好前景，而对于改革中可能遇到的困难、障碍的预测明显不足。这样做表面上是给改革鼓劲，但实际上却给改革埋下了隐患，一旦改革中遇到了困难，事前又没有思想准备，就有可能惊慌失措，容易出现不满与混乱。

改革预测的具体方法多种多样，如专家会议预测、专家调查预测、典型试验法以及模型模拟法等等。在预测的基础上应及时作出对策，一方面做好宣传工作，使人们思想上有所准备，另一方面积极排除障碍，减少阻力。

第三，掌握改革的步伐，注意社会的承受能力。所谓社会承受能力是由多种因素构成的，大体可以分为客观方面和主观方面。从客观上看，主要是改革的条件是否具备，包括政治、经济等多种因素。当前特别要重视财政承受能力问题，象工资改革、物价改革都是在这个问题上遇到一些困难。从主观上看，是指改革是否能得到广大人民的支持。这包括两方面，一方面是指人民对于改革在一定时期内造成的经济上的波动是否能承受得住，另一方面是指人民对改革中出现的一些新事物心理上能否接受。

从我们国家的基本国情看，总的说来，人们对于经济体制改革的承受能力不是很大，而是较小。我们国家大、人口多、底子薄。这决定了我们在改革中必须尽力避免出现过大的偏差与失误，因为一旦出现这种情况，不仅损失大，而且纠正起来也相当困难。同时，我国经济落后的局面还没有根本改变，财政上每年都打得很紧，国家建设资金明显不足，而需要投资和重点建设的项目又很多，对于改革的客观物质承受能力有限。近年来我国人民收入普遍提高，但是绝大多数人也只是刚刚解决温饱问题，人民生活还不富裕，因而改革中必须十分注意保证人民的基本生活条件。从我国人民思想观念上的承受能力看，我国传统观念中"守常"的观念很重，即由于长期封建社会的影响，人们思想中对于新事物总有一种心理上的障碍，总感到原有的、老一套的、已经习惯的就是最好的，接受新事物、新观念总要经历一个较长的适应过程。此外，从历史经验上看，建国30多年来，我们在经济改革与经济建设上吃苦头最大的就是急性病、头脑发热。综上所述，我们在掌握改革的步伐时，不能着急，要稳、要迈小步。

第四，必须正确对待改革的效益。所谓改革的效益也就是改革的收效、成效。对于改革效益之有、无、大、小的评价应持科学态度。从社会学的角度说，在对待改革的效益上要处理好以下三对关系。首先，要处理好经济效益与社会效益的关系。经济效益是明显的，表现为经济收益增加、产量增加等，而社会效益则较复杂和不明显，主要表现为改革对全社会进步的推动作用。任何部门或单位的改革都应极其重视经济效益的提高，力求增产、节支、创收，为国家提供更多的资金。但这只是衡量改革效益的一个方面，因为改革最终是要争得最高的社会效益，即要对社会发展和全体人民有利。以文艺、出版、新闻界为例，这些部门当然应讲经济效益，但更应注意文艺演出、图书报刊的社会效益，即作为一种精神产品，它对于社会主义社会的广大劳动者的身心健康是起促进作用还是消极作用或者甚至是毒害作用。如果只图赚钱、创收而不顾社会效益的低劣，那就与改革的大方向背道而驰了。其次，要正确对待总体效益与局部效益之关系。有些在局部看来效益很高的事，在全局看来却不能做，那就应强调局部效益服从总体效益，这符合我国的国情与制度。我国地广人多，部门多，单位多，如果不强调总体效益，就下不好全国一盘棋，力量就会在相互冲突中内耗了，这不利于全社会、全民族的发展。另一方面，我们的制度也决定应更重视总体的效益。资本主义企业很注重经济效益，但全社会生产的无政府状态却使它们在总体效益上受到巨大损失。我们是公有制，不仅重视单个企业的效益，而且由于有计划指导，能够求得全社会的总体效益。最后，应注意实现改革的长、中、短期效益的结合。改革是社会由旧的体制向新体制的过渡，要想在短期内取得明显成果是很难的。相反，由于螺旋式前进的特点，改革中还难免暂时出现一些"不如从前"的现象。这决定了我们不能过于苛求改革的短期效益，而要多注意中期、长期效益。但另一方面，广大人民更多的是看着改革的近期、短期效益，改革后如不能在不太长的时期内使人民看到改革的成绩，人民就难以信任改革，因此对短期效益也不能忽视。要既顾及短期效益，又注重中、长期效益。

第五，做好改革的信息反馈工作。及时的正确的信息反馈能迅速把改革中出现的问题反馈到决策人的头脑中去，从而及时修改计划，把矛盾和问题解决于萌芽之中。

我国目前的管理结构在信息反馈上的一个重要缺陷是反馈能力较差，信息传递失准，出现了为迎合上级而报喜不报忧，不能及时把下面的处于萌芽状态的问题反映到上层的现象。因此，改革中常出现这种现象，问题和矛盾很难在萌芽或刚露苗头时就得到解决，而总是要等到问题已经十分明朗化，甚至已成了全局性问题，真实信息才反馈到上级领导，于是赶快纠正。这样难免造成较大的社会动荡。难怪人们有时说"改革又放了"，有时说"改革又收了"。由于信息反馈迟缓和失准，迫使我们往往要做较大的纠正，而这种较大的纠正对改革是很不利的。为了增强反馈能力，我们应在体制上下功夫，使管理体制朝着上级与下级相互作用的矩阵结构发展。要发展我们的社会和群众监督系统，从体制上保证人们不仅要对上级负责，而且要对下级、对人民群众负责。此外要广开反馈渠道，如目前领导机关建立的政研室、领导干部亲自深入基层以及通过新闻报道、人民群众来访来信、搞民意测验等都是重要的渠道。在这里还要强调的一个渠道是，我们的政府机关应与学术界加强往来，特别是与各种科研机构互通情报。领导者要想及时得到正确的信息反馈，就要广开言路。

第六，体制改革中应随时注意协调人与人之间的利益关系。经济体制改革从制订计划、实施，到效果检验、信息反馈，各个环节都必须注意协调人们之间的利益关系，最根本的是人们之间的物质利益关系。例如，农业生产责任制的实行涉及到干部与群众之间的利益关系；农产品价格的调整涉及到农民与城市中的工人、知识分子等的利益关系；事业单位的工资改革涉及到知识分子与干部以及与工人之间的利益关系；扩大企业自主权涉及到不同企业的群众之间、企业中干部与工人之间的利益关系。改革时期，是人们之间的利益关系发生较大变化的时期，因而也是容易产生矛盾，甚至导致矛盾激化的时期。在我们这样的大国，人民是否团结、人际关系是否协调是有关改革成败的大事。因此，及时地协调人们之间的利益关系，就成为促进改革健康发展的重要途径。

怎样协调人们的利益关系呢？我们认为应坚持以下四条原则。首先，应坚持社会主义的平等原则。改革决不是要造成新的剥削者与被剥削者，不是要造成社会两极分化。其次，要坚持按劳分配、多劳多得的原则。社会主义的平等原则决不是要求在分配关系上搞平均主义，相反，在社会主义的各部分劳动者、各种不同的劳动者之间必须有差别，必须奖勤罚懒、奖优罚劣。再次，要坚持有利于社会进步的原则。经济体制改革中协调人们之间的关系不是宣扬人人不求进取的"中庸"思想，也不是让人们都做唯唯诺诺的"和事佬"。在社会主义条件下，衡量人们之间的关系是否协调的一个重要方面，是要看这种关系是否有利于全社会的进步与发展。比如，"一部分人先富起来"的口号，之所以是在现阶段协调人们物质利益关系的一个正确的口号，关键在于它有利于我们社会的发展与进步。最后，要坚持物质利益与理想教育并举的原则。在注意协调人们之间物质利益的同时，要大力提倡共产主义的毫不利己、专门利人的精神，提倡先人后己、为人民服务的精神，提倡大公无私为共产主义理想奋斗的精神。在上述原则指导下，经济体制改革中必将出现更加合理、更加和谐和充满生机的社会关系，这种关系是改革得以顺利进行和达到预期目标的可靠保障。

4. 关于改革必须配套的问题

我国体制改革的进程已经引人注目地把配套改革的问题突出出来，七年的实践使人们越来越清楚地认识到，经济改革如果没有政治改革和思想文化改革相配合，没有这三大系统大的配套，就很难继续前进、深入发展，而且已经取得的成果也难以巩固。这是不奇怪的，因为经济、政治和思想文化三大系统之间存在着下列这些属性——整体性、同步性、交叉性、相互制约性和相互促进性，与此相应，改革也必须是一项全面、综合、动态的社会系统工程。我们现在已经在经济体制改革方面取得突破，这就使政治体制改革、思想文化方面的改革显得更为迫切。

第一，整体性。社会主义社会是一个有机的整体或统一体。它的良性运行必须在整个机体保持平衡的情况下才能实现。经济、政治、思想文化是社会主义统一体的三个最重要的系统，但是，三者中无论哪一部分自身的较快的发展，并不都能保证社会整体的良性运行。相反，如果某一系统过分突出，倒可能造成整体上的失调。同样道理，社会运行所发生的问题也具有整体性。问题可能仅仅表现在某个局部或子系统上，但是，只要追究一下造成问题的原因，就会看到，它们与整个有机体息息相关。例如，产品质量差已成为目前突出的社会问题。表面看来，它仅仅是经济系统、生产系统出了故障，但是只要深入分析就会发现，它与政治体制中的官僚主义（机构臃肿、人浮于事、办事拖拉、互相推诿），思想领域中的平均主义观念和单纯追求利润、追求生产数量的观念，文化系统中的知识技能水平不高等，均有密切联系。因此，要解决问题，就必须进行整体的、综合的治理。社会运行的整体性，要求我们在改革中必须把社会作为一个整体来对待，即不仅从经济系统的角度，也要从政治系统、思想文化系统的角度来考察。只有从整体上有利于三大系统协调发展的计划，才是可行的计划；只有兼顾了经济发展、政治安定、行政管理体制运行正常、人民精神振奋、思想文化发展顺利的改革，才是我们所期望的改革。

第二，同步性。即在三大系统中，一个系统的发展变化要求其他系统做出相应的配合。所谓同步当然不是没有工作重点的齐头并进，而是指节奏一致、步伐一致。换言之，在当前的改革中，政治、思想文化系统的运行要跟上经济体制改革的步伐与节奏。否则，社会运行就要发生故障。

当然，所谓同步运行是就社会主义社会的三大系统运行的本质和趋势而言的，从现象上看，不同步是经常发生的。这就要求我们对各系统的运行做出经常的、及时的调整，力争做到在发生较小的失调时，通过小的调整就可以使之趋于同步。应尽力避免各系统之间的节奏发生大的紊乱之后再做大幅度调整，因为大的调整常常带来大的摇摆与动荡，这不利于社会良性运行。

第三，交叉性与渗透性。社会三大系统的区别是相对的，它们与任何社会关系一样，是相互交织在一起的，你中有我、我中有你。因此，体制改革中，任何一项措施都不可能是一种纯粹的经济措施，或纯粹的政治措施，或纯粹的思想文化措施，而是同时包含着三个系统的内容。例如，增强企业活力的一项重要措施是实行企业的厂长负责制。这首先是经济管理体制的重要变革。然而，从另一个角度看，这也是基层政治领导体制的重大改革，它明确了党委在企业中的责任与权力。不仅如此，它还是我国基层民主制度的重要变革。因为，厂长负责制与职工的民主制度是联系在一起的，厂长的权力扩大了，群众民主管理与监督的权利也要扩大，职工代表大会也要相应建立起来。同时，这又是人们思想认识上的一次重要变革，也就是说，人们必须从过去长期存在的那种认为企业党委应该掌握企业的最高决策权、掌握企业的经营管理权和行政权的观念，转变为"党不是行政组织和生产组织"的观念。

第四，相互制约性。即当一个系统的发展受阻或不完善时，另外两个系统的发展也将受到限制，并会反过来限制前一系统的发展。例如，体制改革需要大批德才兼备的干部，而我国教育系统比较落后，教育与实践脱节较严重，选拔人才的制度上也有不少缺陷，这些造成了人才的奇缺。特别在当前的改革中，我们还缺少既年富力强又有革命理想和革命干劲，既有较高知识水平又有实际能力，既有胆识和魄力又有丰富经验的干部。这使得改革不能不受到很大的限制，而体制改革的受限制反过来又严重影响教育系统的发展和选拔人才制度的改进。

第五，相互促进性。社会主义社会三大系统的运行与发展有着明显的相互促进作用。有时候，某一系统运行上的障碍仅从本系统内着手是很难排除的，然而，如果从另一个系统入手来对前一系统发挥影响，却常可以使问题迎刃而解。在这种相互影响与促进中，我们应特别重视理想、信念、伦理、道德系统对经济与政治发展的促进作用。例如，工资与价格体系的调整是两大难题，如果我们仅仅把眼睛盯在工资和价格本身上，那么再合理的方案也无法满足每一个人的要求。但是，如果在改革的同时也注意从理想、信念系统入手，教育人民讲理想、守纪律、识大体、顾大局，那么，经济上的难题也是不难解决的。总之，要为改革和建设而巩固我们的精神支柱，增加精神动力。当然，所谓促进作用是互相的，经济发展了，政治上更为安定团结，反过来也会使人们的理想、信念更加坚定，从而使三大系统之间的关系更为协调一致。

经济、政治、思想文化三大系统协调发展的重要性，不仅从理论上讲是如此，而且经实践反复验证也是正确的；不仅中国如此，外国也如此。以伊朗为例：70年代，伊朗经济的增长可谓快矣，平均增长率为16％，1977年、1978年竟高达20％。人均国民收入也迅速增长，1960年为160美元，1973—1974年为556美元，1977—1978年竟达到1 600美元。可是在经济高涨、收入增长的情况下，为什么人民会普遍不满，甚至起而推翻统治者呢？一个重要原因就是伊朗社会统一体的各方面的发展出现严重失调，特别是经济增长与政治制度、思想文化的发展发生尖锐冲突。在伊朗经济增长的同时，巴列维王朝在政治上十分腐败。王室贪污腐化严重，石油收入的大笔资金被转到巴列维基金会的帐上，国内贫富差距悬殊，这些引起了人民的强烈不满。与此同时，巴列维王朝严厉控制政治生活，压制民主，不许人民讲话，在没有政治言论自由的情况下，心怀不满的人民为了免遭政治迫害纷纷汇集在宗教势力周围，反对王室。从思想文化上看，巴列维王朝在引进西方文明的同时，把西方社会的一些毒素也带到伊朗来了。赌场、夜总会、色情电影业在伊朗到处泛滥，政府又不加控制，这样就与传统的文化、道德观念发生尖锐冲突。当然，巴列维王朝之顷刻瓦解，还有其他多种原因，但是，片面看到经济的虚假繁荣，而严重忽视社会统一体的良性运行和协调发展，无疑是导致伊朗动乱的重要原因。

我们自己也有过教训。中国人民看到西方经济的强大，因而产生了学习西方之技术、赶上西方国家之愿望。有人以为西方的经济强大仅仅是一个"船坚炮利"或仅仅是一个科学技术的问题，以为只要把船坚炮利或科学技术拿过来就可以超过西方。结果证明这只是一种幻想。船坚炮利和科技发达，需要有社会统一体各个方面条件的配合，需要各个系统的良性运行和协调发展。试问，如果没有长期的思想、政治斗争的准备，没有

1949年政治革命的胜利，能有解放后30多年来经济技术的飞跃发展吗？今天要实现"四化"，没有社会各方面的改革的配合，也是根本行不通的。

总之，从社会学的观点看，在改革中必须十分注意社会的各个系统的协调发展，首先是注意经济、政治、思想文化三大系统之间的协调发展。在三大系统中，经济系统是基础，也是这次改革的核心部分。然而，这并不是说经济系统可以撇开其他系统而单独变革、孤立发展。三大系统中，任何一个系统的变革都需要其他系统的配合，否则，改革便无法顺利进行。因此，我们越是想发展生产力、发展经济，就越不能忽视其他系统的支持。这就是说，我们既要坚持经济改革，建立一个充满生机活力、富有效率和效益的社会主义经济体制，发展社会生产力，建设高度的物质文明；又要坚持政治改革，大力发扬社会主义民主，健全社会主义法制，继续肃清思想政治方面的封建主义残余和资本主义腐朽思想影响，克服官僚主义，使党和国家的领导制度更加适应社会主义现代化建设的需要；也要坚持文化改革，繁荣教育、科学、文艺、体育、卫生事业，建设高度的社会主义精神文明；更要使经济改革、政治改革、文化改革相互配合、相互促进。真正的彻底的改革必须是全面的、配套的。唯有这样的改革才能健康发展，才有成功的希望。

（三）社会学为社会主义实践服务的主要途径

社会学主要地正是通过提供社会良性运行和协调发展这样一种与人人有关的社会学角度，为社会主义实践服务的。

我们的各级干部，特别是领导干部，有了这种社会学角度，便能在自己的社会实践中，树立正确的、全面的社会发展战略观点，减少和避免由于盲目性而做出妨碍社会良性运行和协调发展的蠢事来；便能有更敏锐的眼光去发现自己管辖范围内的社会问题，防微杜渐，及时采取措施，避免事态发展到不可收拾的地步。例如，最近一本杂志公布了1985年北京各行业收入的顺序：建筑业为1 827元；公用事业及服务业为1 426元；商业、饮食、供销、仓储业为1 375元；金融业为1 368元；工业为1 333元；科研为1 330元；交通为1 316元；机关和文教为1 240元。[①] 令人吃惊的是文教竟是人均工资最低的行业。这很难说教师已经真正受到全社会的尊敬，更谈不上教师职业已经真正成为社会上最令人羡慕的职业。现在，大学里有"教授贬值"之感叹，青少年中有新的"知识无用论"抬头之势，不能说与此无关。如果对此熟视无睹，或者虽然知道但不及时采取有效的措施，那就不可避免地会导致人才外流、文化水平下降、新文盲增多。这将会在十分广泛的范围内、极其深刻的程度上成为妨碍社会良性运行和协调发展的因素。如果这样，我们民族的损失就无可估量了。

我们每个人有了这种社会学角度，便会扪心自问：自己奉行的生活方式、交往方式、行为方式、工作方式、情感方式、思维方式等，究竟对社会运行和发展起促进作用还是相反的作用。从这个角度看问题，也会使我们更加自觉地抵制以权谋私、官僚主义等不正之风，警惕"一切向钱看"、见利忘义的种种错误做法，更加痛恨制造、贩卖假药等伤天害理的犯罪行为，因为所有这一切，都程度不同地妨碍了社会的良性运行和协调发展。

我们的社会学家有了这种角度，就能懂得自己的基本职责和根本任务，乃是尽力把社会主义社会本来具有的良性运行和协调发展的可能性转变为现实性，就会更加深刻地理解自己工作的意义，更加目标明确地进行自己的一切活动。

还应当指出，从社会良性运行和协调发展的观点出发，就是从一个很

---

① 参见《企业管理》1986年第6期。

重要方面坚持了实事求是和群众观点。"城市病"也好,以"脏"为代价的"富"也好,都有很大的主观片面性,都违反了群众的利益。实事求是和群众路线是我们党的思想路线的核心,是辩证唯物主义和历史唯物主义的精髓。它们是概括程度最高的一般原则,涉及到社会生活时,需要社会学加以具体化。如果一个人主观上要坚持实事求是和群众观点,但在行动上却自觉不自觉地妨碍社会良性运行和协调发展,那么恰恰是违反了实事求是和群众观点的原则。从这里可以看到,哲学观点要通过社会学观点这个中介对现实生活起作用。

由此可见,社会良性运行和协调发展的角度,好象一把钥匙,既打开了社会学为社会主义实践服务之门,又打开了人们正确看待社会生活的思想之窗。社会良性运行和协调发展确实把社会学与社会实际生活、与我们每个人的思想和行动联系起来、沟通起来了。让我们抓住这个结合点,在社会主义实践中发挥社会学的巨大社会作用。同时,为了真正自觉地重视社会的良性运行,正视中性运行,避免恶性运行,有必要学一点系统地研究社会主义社会良性运行和协调发展的条件和机制的马克思主义社会学。

四、社会学对象的历史方面

把社会学定义为关于社会良性运行和协调发展的条件和机制的综合性具体科学,既符合从孔德开始的西方社会学的历史,也符合从马克思开始的马克思主义社会学的历史。

从孔德开始的西方社会学,实质上是以维护资本主义制度为目的,以多方面地研究资本主义社会良性运行和协调发展的条件和机制为对象的。从马克思开始的马克思主义社会学,则实质上是一门关于社会主义和共产主义社会良性运行和协调发展的条件和机制的综合性具体科学。上述两大分支社会学各自都有一个从一般的社会哲学向专门的具体的社会科学发展的过程。

在这一部分,我们将围绕对象问题分别考察西方社会学的特点和马克思主义社会学的两种形态,考察作为马克思主义社会学的苏联社会学的曲折历程及其特点,进而考察西方社会学与马克思主义社会学的关系,社会学两大分支在旧中国的特殊性以及在新中国"转型"的必要性。社会学发展的丰富的历史经验和教训,对我们今天建立具有中国特色的马克思主义社会学，都是有启示和借鉴作用的。

（一）西方社会学的实质

从孔德开始的西方社会学的一个突出的特点，是始终表现为一种维护型的社会学，即使有少数西方社会学自称为批判的社会学，但归根到底也是以批判的形式开始，以维护的结果告终。象法兰克福这样激烈的"社会批判理论"，最后也是如此，例如哈贝马斯把自己的学说叫作"激进的改良主义"。

西方社会学究竟是不是自始至终都是维护型的社会学？它是不是以资本主义社会的良性运行和协调发展的条件和机制为对象？让我们结合西方社会学发展的历史，作一些简要的说明。

1. 作为维护型的西方社会学——创立时期

我国学术界一般把 19 世纪 30 年代至 19 世纪末，看作是西方社会学的创立时期。在这一时期，从总体上看，它有三个特点：第一，跟哲学关系密切，还没有完全从哲学母体的怀抱中解放出来。社会学实际上既是社会科学的代名词，又是社会哲学的代名词。它仍带有包罗万象的学科的印记，那时的社会学倒确乎是一个"科学群"。第二，受实证主义思潮的影响极大，力图用自然科学的方法去考察社会，尤其是从生物学的角度去看社会。第三，创立社会学的目的是为了维护、协调现存的社会关系，这一时期前期的代表孔德、后期的代表斯宾塞都有这样的特点。这里，与我们讨论的问题关系最大的是第三个特点。

在孔德的社会学思想中，不论是"普遍的和谐"的社会有机统一体的观点,不论是社会静力学和社会动力学的区分,也不论是社会发展三阶段论的提出,无一不是为了维护资本主义制度。例如,孔德的社会静力学研究社会体系存在的条件和作用的规律,探讨社会机体如何保持平衡的机制。它是关于社会秩序、社会组织和社会和谐的理论。社会静力学在论证社会分工、社会分化时,提出了国家是社会大团结的机构,而服从国家则是个人的神圣义务的论点。不仅社会静力学是维护型的,社会动力学也同样是如此。社会动力学研究社会体系发展和变化的规律。社会动力学的基础是三阶段论:与人类理智的发展经历了"神学的"、"形而上学的"和"实证的"三个阶段相对应,社会的发展也经历了"军事的"、"过渡的"和"科学—工业"的三个阶段。这里"科学—工业"阶段不是别的,正是资本主义的代名词。它被看作是社会发展的最高阶段。孔德承认资本主义社会有弊病,但他认为可用"以爱为原则,以秩序为基础,以进步为目的"的药方加以治疗,从而使社会得到协调发展。资本家和工人之间的协调就是他的社会理想。孔德鼓吹的改革,实际都是不触动资本主义制度的改良。孔德曾在1848年革命中号召巴黎工人放弃斗争,因为在他看来,工人进行的斗争破坏社会的秩序和协调发展。无怪乎马克思指出:"孔德在政治方面是帝国制度(个人独裁)的代言人;在政治经济学方面是资本家统治的代言人;在人类活动的所有范围内,甚至在科学范围内是等级制度的代言人"[1]。又指出:"孔德及其学派可以象证明资本家老爷的永恒必要性那样,去证明封建老爷的永恒必要性"[2]。但是我们在实事求是地指出孔德社会学和他的政治立场的维护性质的同时,也要实事求是地评价他作为西方社会学的创始人的学术贡献。孔德的最大历史功绩在于论证了社会学成为独立学科的必要性。此外,对他的社会学方法中包含的合理思

---

[1] 《马克思恩格斯全集》第17卷,人民出版社1963年版第602页。
[2] 《马克思恩格斯全集》第23卷,人民出版社1972年版第369页。

想，对他的社会有机统一体现点中包含的系统方法的萌芽，对他的实证主义思想在反对神学、思辨哲学中的一定历史作用等，也都应当给予必要的评价。当然我们也不应当忽略孔德发明"社会学"一词的事实。

斯宾塞的社会学理论是根据两个主要原则建立和展开的：第一，把社会理解为有机体的"社会有机论"思想；第二，认为社会进化是自然地、逐渐地实现的"社会进化论"思想。从这两个原则中，我们可以看到，斯宾塞已对社会运行和发展机制作了较为具体的论证。

斯宾塞的社会有机体与孔德的社会有机统一体有区别：孔德强调社会整体，认为社会整体先于个人而存在，个人甚至不是独立的社会细胞。斯宾塞则强调个人，认为社会不过是一些独立的个人的集合体。斯宾塞认为，在一切发达的社会集合体中，都存在三个系统：支持系统，它保证向社会供给必需的产品；分配系统，它保证社会有机体各部分的联系；调节系统，它保证社会各个组成部分服从整体。这正如动物的器官有营养、消化和调节三大系统一样。担负这三大系统功能的社会器官，就是各种社会设置。斯宾塞列举的六种类型的设置是：家庭、礼仪、政治、教会、职业和工业。正是这些设置构成了资本主义社会的和谐运行和发展的机制。

斯宾塞的社会进化进程包含两个方面：集中和分化。随着社会的发展，它的各个部分越分越细，数量越来越多，彼此间的差别越来越大，相互间功能越来越不相同，必然要求相互协调。就是说，功能愈分化，调节的机制就愈重要，否则就不能保证各个部分的协调一致。斯宾塞认为，社会的这种进化过程，尽管有矛盾，但基本是平稳的、自然的，不容许有意识的"加速"或外来的干预，这才是"阻力最小的路线"。因此他严厉谴责革命改造社会的企图，要人们等待社会长期自然进化的结果。这是直接为保持资本主义社会的原状作论证。

西方社会学创立时期，一些国家的社会工作者和社会研究者所作的社会调查研究，更在实际改善社会运行和发展状况中，作出了自己的努力。例如英国学者布思在上世纪 90 年代出版的《伦敦人民的生活和劳动》的多卷本调查报告，终于促成了英国在 1908 年关于《老年抚恤金条例》的立法。该条例规定了重活行业的最低工资、国家为病残者采取的措施，以及开始实行失业保险等，缓和和减少了社会失调。

2. 作为维护型的西方社会学——形成时期

西方社会学发展的第二个时期——形成时期，大致在 19 世纪末到 20 世纪 30 年代。这一时期的基本特点是：第一，社会学终于从哲学的怀抱中解放出来，较明确地确定了自己的范围和方法，形成了独立的学科；第二，社会学研究的问题越来越具体，内部的分科及和其他学科的区分也越来越明显。这一时期，形成了以迪尔克姆为代表的实证主义路线，以韦伯为代表的反实证主义路线，以及以美国芝加哥学派为代表的重视实际社会调查的传统。在这一时期，对资本主义社会的运行和发展的机制问题也探讨得更细致了，西方社会学作为一种维护型的社会学的特点，也表现得更明确。

迪尔克姆更明确地表达了社会是一个自我调节的系统，这个系统具有不能归结为各种个别因素性质的那种性质等思想，因而被尊为结构功能主义学派的奠基人。为了探讨社会系统的运转和发展的机制，他从正面着重研究了资本主义社会团结和分工等问题，从反面着重研究了资本主义社会的危机的表现（如自杀等）。

迪尔克姆把团结分成"机械的团结"和"有机的团结"两种。机械的团结是不发达的和古代的社会中的团结，这是由缺乏社会分工而形成的个人之间的相似性造成的。有机的团结则是发达的，即资本主义社会的团结。这是因为发达的社会就象一个具有各种器官的有机体一样，其中每个个人都按照社会分工执行着某种专门的职能。所有的人都由分工所造成的社会体系联系着，从而形成了人们彼此的依赖感、团结感以及自己与社会的联系感。迪尔克姆认为分工是社会团结的重要源泉，是维持现代社会和谐运转的机制，正是这种机制创造着令人满意的社会联系，创造着阶级的团结，弥补着由于狭隘专业化所造成的一切缺陷。迪尔克姆认为资本主义社会总的说来可看成是团结一致的；而团结一致又被看作是最高的道德原则、最高的价值。

迪尔克姆又是以研究社会反常现象、偏离行为而著称的，他的《自杀论》一书被誉为西方社会学的经典之一。他着力研究这方面的问题，反映了他看到的资本主义社会的弊病和日益加剧的危机现象。迪尔克姆把自杀原因归结为社会的原因，这从他对自杀的分类——利己主义的自杀、利他主义的自杀、反常的自杀、宿命论的自杀——中就可看到，但他却把自杀的真正原因归之于社会变化速度过快，道德意识未能跟上的道德危机：人们失去集体感、纪律感和社会团结感。这样他就提出了巩固社会道德秩序来摆脱资本主义危机的道路。总之，迪尔克姆把资本主义社会看作是协调一致的、团结的、和谐的，把社会弊病看作是不需要改变基本制度也能消除的东西。

韦伯的反实证主义路线主张：必须给予人的行动以理性的解释，并把社会学这一研究社会行动的科学同自然科学区别开来。所以韦伯把自己的社会学叫做"理解社会学"。韦伯的社会行动有两个因素：一是个人或集团的主观动机，没有动机就不能构成行动；另一是以他人为目标（期待），没有这种目标也不能使行动成为社会的行动。韦伯区分了社会行动的四种类型：A. 目标合理的行动，即能达到目标，取得成效的行动；B. 价值合理的行动，即按自己信奉的价值所进行的行动，而不管有无成效；C. 激情的行动，即通过激情和感觉而进行的行动；D. 传统的行动，即按照习惯而进行的活动。韦伯认为，在传统社会中，占主导地位的是传统的和激情的这两种非理性的行动；在工业社会中，占主导地位的则是目标合理的和价值合理的行动。其中，在韦伯看来，又只有目标合理的行动才是绝对合理的行动。韦伯认为，这种目标合理的行动的作用日益加强、范围日益扩大的过程就是"合理化的过程"。韦伯宣扬：合理化问题是决定西方文明命运的问题，是决定近三四百年内欧洲发展方向的历史因素。他认为，工业的社会形式，即资本主义社会就是这种合理化过程的结果。因此这一社会整个都趋向于与目标相连的合理的组织，这一点特别突出地表现在用合理的科层制来管理经济和国家上。所谓科层制，就是分级分部门分职责的管理制度。科层制的治理与传统的治理和神授的治理不同，它不仅是合理的而且是合法的。韦伯自己说："科层制的管理就是通过知识来统治，它的特殊合理性就在于此。"① 这样，韦伯的理解社会学，通过社会行动理论所阐明的"合理化"，为资本主义社会的产生和存在作了理论上的论证，并通过科层制对资本主义社会运转的机制作了具体的探讨。

韦伯社会学的维护性质，还表现在对马克思的理论采取两面态度，拒绝用革命的手段来改造资本主义上。一方面，他承认马克思是杰出的学者；马克思为研究资本主义奠定了基础，马克思关于资本主义是比封建主义的经济形式更强大的进步发展因素的论点是正确的。但是另一方面，他又认为马克思根据对资本主义的分析而作出的结论是空想，要建立新型的社会主义社会是不可能的。韦伯把自己的社会学方面的著作看作是对马克思的唯物史观的论战，用他自己的话来说就是"不断地跟马克思的在天之灵进行对话"②。韦伯奉行他的维护性质的社会学是很自觉的，因为正如

---

① 韦伯：《经济—社会》第 1 卷，柏林 1964 年版第 162-163 页。
② 参见科塞：《社会思想的大师们》，纽约 1971 年版第 228 页。

他在1885年直截了当地承认的:"我是资产阶级的一员,我觉得我是这样的人,并且是按照资产阶级世界观和理想培养出来的人"①。当前在西方学术界,韦伯的理论已成为与马克思主义抗衡的主要思想武器。"韦伯热"(研究韦伯的热潮)从二次大战以来,在西方特别是美国经久不息。一些西方学者预言,"韦伯热"迟早会在中国出现,其影响将比存在主义、行为主义、精神分析等广泛、深远得多。这是很值得我们注意的。

芝加哥学派的重要人物托马斯、派克等,开创了美国社会学特别重视调查研究社会现实问题的风气,他们对芝加哥这样的大城市的城市生活的研究,又对建立和发展西方都市社会学起了很大作用。这两类研究也都表明它们是属于维护型社会学的。在第一类研究中,他们对芝加哥市的外来移民、流浪汉、盗贼、舞女以及不动产代理人等问题进行了实地调查。这类调查研究的目的是为减轻社会弊病、改善城市的运转提出建议,他们的结论没有越出在资本主义框子内进行改良的范围。在第二类研究中,他们提出了城市区位的模式,可是他们却用生物界弱肉强食的理论来解释贫民区、大杂院区、中心商场区和上等公寓区的存在,说都市区位的安排之所以如此,应直接归功于优势的因素和间接归功于竞争。这实际上是肯定西方产业城市分区位置安排的资本主义性质是天然合理的。

3. 作为维护型的西方社会学——当代发展时期

西方社会学的第三个时期——当代发展时期,大致从本世纪40年代一直至今。这一时期的特点,至少有这样几条:A. 西方社会学自二次大战后得到了前所未有的发展。B. 多样化:西方社会学没有统一的社会学

---

① 韦伯:《政治论文集》,杜宾根1951年版第26页。

理论，观点分歧，学派林立。C. 分科化：社会学与其他社会科学相互渗透的趋势加强，分科社会学目前已达 70 多种，并且还有增加之势。D. 定量分析越来越受到重视，计算机的运用大大加快了资料处理的速度。E. 马克思的学说对西方社会学的影响越来越大。这一时期形成了结构功能主义、冲突理论、符号相互作用论等西方社会学的主要流派。

结构功能主义是美国著名的社会学家帕森斯提出的。它是一种继承了而又不同于迪尔克姆传统功能主义的新功能主义。帕森斯认为，社会结构是行动者（社会的单元）之间相对稳定的社会关系模式的组合或系统。功能是对系统的作用或效果，功能可以有益于也可以有害于系统的稳定和发展，后者称为负功能。在社会系统中，个人之间的相互作用是按照一定规范进行的，规范使行动具有一定的结构。在帕森斯看来，社会系统也跟其他行动系统一样，具有四种功能：适应功能（系统必须适应环境并从环境取得资源才能生存和发展）；达鹄功能（系统必须确立自己的目标及目标的轻重缓急，并确定达到目标的手段）；整合功能（系统必须协调内部各部分之间的关系，以便维持一定的和谐）；维模功能（系统必须使各单元具有动力和动机并按一定的规范和秩序参与系统内部的动态过程，以维护原模式的存在）。在社会系统中，上述四种功能，分别由经济组织、政治制度、法律制度和家庭制度来执行。帕森斯特别强调社会道德规范的作用：它调节人们的行为、人与人之间的关系；它规定角色的行为标准，从而也成为应否执行社会制裁的标准；它也成为衡量社会过程是否处于平衡的尺度（社会过程按规范进行就是平衡）。因此，不平衡、冲突，就是病态、负功能。帕森斯的这套理论后来为默顿和列维等人所发展和修正。

结构功能主义各派都十分注重社会运转和发展中平衡机制的研究。它作为一种维护型的社会学，是学术界公认的。许多西方学者指出了这一点，例如美国社会学家古德纳在《西方社会学面临的危机》一书中指出，功能主义只考虑如何改良现存体制而没有考虑根本上改造和变革社会体制。

那么冲突理论又如何呢？西方冲突理论的主要代表是科塞、达伦多夫、米尔斯等人。科塞认为，冲突就是由对价值观信仰的不同以及对权力、地位、资源分配的不均而引起的斗争。他不同意帕森斯把冲突看作负功能、病态的观点，而强调冲突对社会也有积极作用的一面，并且把这点作为研究的重点。就冲突的性质说，科塞认为不涉及基本价值的冲突对社会有好处，这样的冲突具有很多维持社会整体的有益功能，例如：可以防止社会的根本性的分裂；防止社会的僵化，促进革新；引起人们对不良现象的警惕等。就冲突与社会结构的关系说，灵活性大的社会允许冲突存在，所以虽然常常出现冲突，但性质并不严重，社会稳定程度高；僵硬的社会不允许冲突，压制冲突，所以一旦发生冲突，则会出现危机。科塞还把冲突与敌对情绪加以区分——冲突是行动，敌对情绪是一种心理状态，并据此提出了社会安全阀机制的思想。所谓社会安全阀的机制，指让敌对情绪和不同意见发泄出来的途径，以避免它们的不断累积而造成不可收拾的结果。总之，科塞认为，要注意冲突的维护功能，要寻找解决冲突的正常途径并使之体制化，要有社会安全阀并使之体制化。很明显，科塞是从社会冲突的角度谈论社会的维护，谈论冲突在社会运转和发展中的作用。

达伦多夫认为冲突是由权力分配引起的，而不是由经济因素（所有权）引起的。他用冲突论的观点分析了工业社会的阶级斗争。在他看来，任何一个企业都是一个权力不一致而形成的团体：有的人是发布命令的，有的人是执行命令的。前者是管理层，后者是被管理层——雇员层。二者的利益冲突是不可避免的，但冲突不在于所有权，而在于管理和被管理。这二者分别组成的利益集团是雇主协会和工会。象法院等仲裁机构，只能缓和二者的冲突,而无法避免它们的冲突。因此达伦多夫认为,在资本主义社会工人参加管理、参与共同决定并非好事。因为劳资合作实际是把工人代表提升到管理层,使之丧失原来的地位,而这样做不仅不能避免冲突,反而会使冲突集中爆发,由于工人丧失了自己的代表,他们的不满情绪反映不上去,爆发冲突的安全阀失去作用。按照达伦多夫的观点,最好的办法是各利益集团管各自的事,这样虽然时常会有些小冲突,但却限制了严重冲突的集中爆发。所以,研究冲突是为了缓和冲突,防止冲突的恶性爆发,达伦多夫的冲突理论归根结底也没有超出维护型社会学的范围。

符号相互作用论的代表人物是美国社会学家布卢默和戈弗曼。它的理论来源是芝加哥学派米德、库利和托马斯的思想。布卢默把社会的相互作用或相互交往分成非符号性的和符号性的两类。非符号性的指一些没有通过思考的直接反应,如遇烫把手缩回。符号性的则是指人在接受他人影响作出反应前要有一个"解释"过程,要确定他人行为的意义,同时还要进行"定义",把自己准备作出的行为告诉别人。人与人的交往、结合,就是这样一个充满着解释和定义的持续不断的过程。在布卢默看来,人类生活没有现成的模式,即使有,也可在相互作用、相互交往过程中加以改变,即重新进行解释和定义。这种理论强调了人的主观能动性,认为人的活动是人本身创造的,人在行动前,要先自我对话(解释和定义),因而与那种把人看作"黑箱"的传统观点不同。"黑箱"的传统观点认为人只是刺激和反应中间没有能动性的媒介。从我们的观点看,布卢默这套理论事实上是在说明人际关系、人类交往过程的运行和发展的机制。

戈弗曼把相互作用了解为面对面的交往,一个人对另一个人的行动的相互影响。与强调"符号"概念的布卢默不同,戈弗曼强调"戏剧"的概念,认为日常生活就是演戏。因此他引用莎士比亚的话:世界是一个大舞台,每个人都扮演一个重要的角色。这就是说,人和人的交往都在企图给人一种自己所期待的印象,而不管这种印象是真是假。他的主要著作《日常生活中的自我表演》(1959年)一书,就是研究如何在别人心目中创造出一种印象的技巧。戈弗曼的日常生活戏剧学,研究了常规的表演、前台和后台的表演,区分了表演者、观众和观察者,研究了戏班以及要演好一台戏要注意的问题。例如,要使演员忠于这台戏,不能让演员站到观众那方面去。这就好比一个商店的经理要防止售货员站到顾客方面,说商品不好。戈弗曼的日常生活戏剧学主要是一种微观的社会学,它也是通过特殊方式研究人类交往过程的机制,最终为维护现存社会,即演好资本主义社会这台大戏服务的。

上述对西方社会学历史的简略考察表明,西方社会学自孔德以来150年间,从具体内容到形式确实发生了很大变化,但维护资本主义社会、改良资本主义社会这一点则始终没有变。在这个问题上,把现代西方社会学等同于孔德、斯宾塞等人的社会学,是不对的;否认西方社会学归根到底是维护型的社会学,也是不对的。西方社会学家承认资本主义社会有弊病,但认为资本主义社会是能够良性运行和协调发展的,他们实际上都是自觉不自觉地、范围或大或小地研究着这一社会运行和发展的条件和机制。

(二) 马克思主义社会学的两种形态

马克思主义社会学采取的特殊形式,与它的创始人对资本主义和社会主义社会的看法密切相关。马克思、恩格斯认为,他们面对的资本主义社会从根本上、总体上说是一个恶性循环和畸形发展的不合理的社会,只有代之而起的社会主义社会和共产主义社会才有可能真正做到良性运行和协调发展。这一点,恩格斯的《在爱北斐特的演说》作了通俗而集中的说明；马克思的《资本论》、《哥达纲领批判》，恩格斯的《反杜林论》等著作则作了深刻的理论论证。正是这一点决定了马克思主义社会学在其发展过程中采取了两种不同的又是统一的形态——革命批判性形态和维护建设性形态；决定了它的一个鲜明的特点——对资本主义社会表现为革命批判性的社会学，而对社会主义社会则表现为维护建设性的社会学。因此，我们也可以说，马克思主义社会学是从社会良性运行和协调发展的条件和机制的角度来研究资本主义社会和社会主义社会的社会学，不过它对资本主义社会是从总体上批判的、否定的意义上来研究的，而对社会主义社会则是从维护的、肯定的意义上来研究。

1. 马克思主义社会学的革命批判性形态

革命批判性的形态，就是以揭露批判资本主义社会致命的弊病为主要任务、以推翻资本主义社会为主要目标的社会学。马克思、恩格斯认为，在资本主义社会中，当务之急不是谈论什么良性运行和协调发展，恰恰相反，是要揭露它作为整体的不可避免的恶性循环和畸形发展。为此，他们做了大量的理论研究和实际调查。

在理论方面说，第一，锻造了认识资本主义社会恶性循环的理论武器。马克思、恩格斯在19世纪50年代创立的辩证唯物主义和历史唯物主义，是社会历史观上的一项伟大的革命变革。自此之后，唯物辩证的社会历史观代替了以前占统治地位的唯心主义和形而上学的社会历史观。这样就用社会发展的一般规律，如生产力决定生产关系、经济基础决定上层建筑、社会存在决定社会意识以及后者对前者的反作用等，用普遍的方法论，如矛盾分析法、阶级分析法等，为科学的社会学的产生提供了理论基础和方法论的指导，使科学的社会学成为可能。同时，也为揭露资本主的恶性循环提供了锐利的理论武器。第二，在唯物史观的指导下，揭露了资本主义社会恶性循环和畸形发展的根源——生产资料的私有制，确切地说，生产资料占有的私人性和生产社会性之间的基本矛盾，正是在私有制的基础上，形成了自由竞争的社会秩序、混乱的无组织状况和对真正的公共福利事业的卑视，造成了"一切人反对一切人的战争"；各个资本家同其他一切资本家进行斗争，各个工人同其他一切工人进行斗争；所有的资本家反对所有的工人，而工人群众也必然要反对资本家集团。恩格斯指出："只要目前的社会基础保存一天，这种少数人发财，广大群众贫困的进程就无法制止；只要社会还没有最后被迫根据较为合理的原则进行改组，这种敌对现象就会愈来愈尖锐。"① 第三，揭露了恶性循环的表现：穷困、愚昧、犯罪、失业、浪费，人为异己的力量所支配，尤其是周期性的经济危机。恩格斯指出，从本世纪初起，在英国就可以看到一系列这样的商业危机，而最近20年来，危机每隔五年或六年就重复一次。他说："在生产如此混乱的情况下，商业中时时产生不景气的现象，是十分自然的事情。"② 在危机时期，商业停顿，开工不足甚至停工，许多人破产，存货不得不以低得荒唐的价格出售，积累起来的资本化为乌有。这种危机是社会陷入恶性运行的突出表现。第四，揭露了恶性循环不可避免的结果——资本主义社会必然为社会主义共产主义社会所代替，并提出了解决这种恶性循环的方法——社会革命，如此等等。正如恩格斯指出："冲突成为不可避免的了，而且，因为它在把资本主义生产方式本身炸毁以前不能使矛盾得到解决，所以它就成为周期性的了。资本主义生产产生了新的'恶性循环'。"③ 恩格斯满怀信心地指出："即将到来的社会革命不会不触

---

① 《马克思恩格斯全集》第2卷，人民出版社1957年版第603页。
② 同上书第604页。
③ 《马克思恩格斯选集》第3卷第315页。

动匮乏和穷困、愚昧和罪恶的真正根源，因而它一定会实现真正的社会改革。而这就只有靠宣布共产主义的原则才能实现。"①

马克思主义创始人在重视理论研究的同时，从来注重面向实际；他们的著作并不象某些自称实证论者的资产阶级社会学者所诋毁的那样，带有什么思辨的性质。如果说马克思的《资本论》在揭示资本主义社会经济的和社会的运行机制及其必然灭亡的后果时，充分地利用了各种调查材料，那么恩格斯的《英国工人阶级状况》则用直接的实地调查，揭露了资本主义社会恶性运行的种种具体情况。恩格斯花了 21 个月的时间，从亲身的观察和亲身的交往中直接研究了英国无产阶级。这本书的副标题就叫做"根据亲身观察和可靠材料"，恩格斯还在这本书开头的《致大不列颠工人阶级》的信中说："我寻求的并不仅仅是和这个题目有关的抽象的知识，我愿意在你们的住宅中看到你们，观察你们的日常生活，同你们谈谈你们的状况和你们的疾苦，亲眼看看你们为反抗你们的压迫者的社会的和政治的统治而进行的斗争。"②

《英国工人阶级状况》用殷实的事实材料分析了产业革命在资本主义社会中引起的全面变革和阶级分化，考察了在伦敦和曼彻斯特等大城市中工人的生活条件，阐述了竞争、爱尔兰移民在形成上述生活条件方面的作用，以及这种生活条件的后果，从而生动地揭示出整个社会处在一场强者剥削弱者的社会战争中，一种"法律庇护下的互相抢劫"③ 中，揭示出工人在这样的生活条件下正在遭受社会的谋杀，因为英国社会把工人置于一种不能够保持健康，也不能活得长久的境地，不停地一点一滴地毁坏着工人的身体，过早地把他们送进坟墓，总之，英国社会处在一种"如疯似狂

---

① 《马克思恩格斯全集》第 2 卷第 625 页。
② 同上书第 273 页。
③ 同上书第 305 页。

的循环中"①。

《英国工人阶级状况》深入具体地分析了一系列表明社会恶性运行的社会问题：贫民窟、高死亡率、童工女工、酗酒、道德堕落、犯罪问题、住宅问题、家庭问题、人口问题等。例如，关于工人的住宅，恩格斯写道："曼彻斯特及其郊区的 35 万工人几乎全都是住在恶劣、潮湿而肮脏的小宅子里"，在这样的小宅子里，"既不可能保持清洁，也不可能有什么设备，因而也就谈不上家庭乐趣；在这些住宅里，只有那些日益退化的、在肉体上已经堕落的、失去人性的、在智力上和道德上已经沦为禽兽的人们才会感到舒适而有乐趣"②。

《英国工人阶级状况》在作上述分析、揭露资本主义社会的恶性运行时，在阶级分析法、矛盾分析法等高层次的方法指导下，富有成效地应用了参与调查法、个案调查法、文献法等低层次的具体调查方法。

那么，恩格斯为什么这样重视实地调查工人阶级的状况呢？他在《英国工人阶级状况》中明确指出："工人阶级的状况是当代一切社会运动的真正基础和出发点，因为它是我们目前社会一切灾难的最尖锐最露骨的表现。"③ 这既说明了恩格斯把英国工人阶级状况作为专题来调查研究的原因，也说明了要真正揭露资本主义的恶性运行必须抓住最能表现当时一切社会灾难的工人阶级的状况。

这样，马克思、恩格斯创立的马克思主义社会学传统，一开始就清楚地表明了自己的立场：代表无产阶级的利益，为无产阶级说话，向压迫无产阶级的资产阶级社会挑战。因而一开始就跟站在相反立场上的从孔德开始的西方社会学传统发生尖锐的对立。

---

① 《马克思恩格斯全集》第 2 卷第 305 页。
② 同上书第 345 页。
③ 同上书第 278 页。

革命批判性的形态是各国马克思主义者在本国社会主义革命胜利前所实际坚持的社会学。马克思、恩格斯本人，后来的列宁以及我国的马克思主义者实际上都是这样的。由于情况的变化，列宁已经采用了"社会学"这个名词。这些无疑是历史的真实。应当着重指出的是：尽管如此，马克思主义社会学的这一革命批判性形态只是它的一种过渡性的、预备性的形态；为了真正研究社会的良性运行和协调发展的条件和机制，而必须先揭露作为整体的资本主义社会的恶性运行和畸形发展。这是一种由历史原因造成的社会学的特殊形态。与此相联系，我们不能同意如下两种看法：第一，否认革命批判性的形态也是一种社会学，因而进一步否认马克思、恩格斯是社会学的创始人；第二，把革命批判性形态看作马克思主义社会学的全部或看作马克思主义社会学的主要形态，不知道或不承认马克思主义社会学还有其他的形态，而且归根到底是更重要的形态——维护建设性的形态。

2. 马克思主义社会学的维护建设性形态（社会主义社会学）

维护建设性的形态，就是以维护、改善社会主义社会为目标，以社会主义和共产主义社会良性运行和协调发展的条件和机制为对象的社会学。马克思主义奠基人认为，只有在将来的社会主义和共产主义社会中，才能真正有意义地谈论整个社会的良性运行和协调发展。他们根据对资本主义生产无政府状况和阶级对立的分析和观察，对未来的新社会作了许多预测，并对这两种社会制度进行了对比的研究。

马克思、恩格斯屡次强调共产主义社会是一个以生产资料公有制为基础的"合理地组织起来的社会"[①]。在共产主义社会里，人和人的利益并不是彼此对立的，而是一致的；在共产主义社会里，"现代社会制度的主

[①] 《马克思恩格斯全集》第 2 卷第 607、610 页。

要缺陷就会消除"①，共产主义社会具有以私有制为基础的资本主义社会不可能具有的许多优点。

就经济方面说，资本主义的"社会结构无疑是难以想像地不合理和不切实际的。由于人们的利益彼此对立，大量劳动力就白白地消耗掉了，社会没有从里面得到任何好处"②。反之，在共产主义社会里，"既然那时生产已经不掌握在个别私人企业主的手里，而是掌握在公社及其管理机构的手里，那也就不难按照需求来调节生产了"③。那时，"社会的生产无政府状态就让位于按照全社会和每个成员的需要对生产进行的社会的有计划的调节"④。不仅如此，"共产主义的组织因利用目前被浪费的劳动力而表现出的优越性还不是最重要的。把个别的力量联合成社会的集体力量，以从前彼此对立的力量的这种集中为基础来安排一切，才是劳动力的最大节省"⑤。所有这些，在恩格斯看来，还只"不过是从人类社会的共产主义组织在经济方面无数优点中举出来的几个例子而已"⑥。总之，恩格斯认为，"人类社会拥有极其丰富的生产力，这些生产力只要合理地组织起来，妥善地加以调配，就可以给一切人带来最大的利益"⑦，而这只有在共产主义社会才能实现。

就社会的其他方面说，在"一切人反对一切人"⑧的资本主义社会里，为了防止自己受犯罪行为即公开的暴力行为的侵害，不可避免地要维持庞大而复杂的、耗费无数人力、物力、财力的行政机关、司法机关和常

---

① 《马克思恩格斯全集》第 2 卷第 605 页。
② 同上书第 606 页。
③ 同上书第 605 页。
④ 《马克思恩格斯选集》第 3 卷第 319 页。
⑤ 《马克思恩格斯全集》第 2 卷第 612 页。
⑥ 同上书第 613 页。
⑦ 同上书第 612 页。
⑧ 同上书第 608 页。

备军。反之，在共产主义社会，由于"我们消灭个人和其他一切人之间的敌对现象，我们用社会和平来反对社会战争，我们彻底铲除犯罪的根源，因而就使行政机关和司法机关目前的大部分工作、甚至是很大一部分工作成为多余的了"①。同样，在共产主义社会里，"现在由于维持军队而从文明的人民那里夺走的无数的人力就将重返劳动岗位"②。总之，恩格斯当时提出了这样的看法："管理共产主义社会，就不知要比管理笼罩着竞争的社会容易多少倍。"③ 因为"文明甚至在现在就已经教人们懂得，只有维护公共秩序、公共安全、公共利益，才能有自己的利益"④，更何况在文明程度高得多得多的共产主义社会呢？

就个人来说，在资本主义社会，当竞争迫使大批的人失业，当人们不得不"用一定的方式出卖自己"⑤，当绝大多数有工作的人也被束缚在一种职业上，成为资本的奴隶的时候，是谈不上全面、协调地发挥自己的才能的。恩格斯指出："每一个人都无可争辩地有权全面发展自己的才能，而且当社会使愚昧成为贫穷的必然结果的时候，它就对人犯下了双重的罪过。"⑥ 反之，共产主义社会"为所有的人创造生活条件，以便每个人都能自由地发展他的人的本性，按照人的关系和他的邻居相处，不必担心别人会用暴力来破坏他的幸福"⑦，共产主义社会"不仅可能保证一切社会成员有富足的和一天比一天充裕的物质生活，而且还可能保证他们的体力和智力获得充分的自由的发展和运用"⑧，共产主义社会将是一个以"每

---

① 《马克思恩格斯全集》第 2 卷第 608 页。
② 同上书第 610 页。
③ 同上书第 609 页。
④ 同上书第 609 页。
⑤ 同上书第 611 页。
⑥ 同上书第 614 页。
⑦ 同上书第 626 页。
⑧ 《马克思恩格斯选集》第 3 卷第 322 页。

个人的自由发展是一切人的自由发展的条件"① 的联合体。

总之,资本主义社会是一个还没有真正摆脱动物界的受异己的盲目性支配的必然王国,共产主义社会则是"人类从必然王国进入自由王国的飞跃"②。这一切都是在论证社会主义和共产主义社会的优越性在于能够真正在整体和局部两个方面,做到良性运行和协调发展。当然,这还仅仅是一种可能性而不是现实性。维护建设性的形态,从宏观和微观两个方面研究社会良性运行和协调发展的条件和机制,正是为了努力把这种可能性转化为现实性。

维护建设性的形态,是各国马克思主义者在本国革命胜利、建立起社会主义制度后要建立的社会学。就我国的情况说,1949年建国以后,我们本来就应该致力于建立这样的社会学。由于认识不足和种种失误,这一任务被推迟了整整30年。从实质上说,维护建设性的形态应该是马克思主义社会学的主要形态,甚至可以说是本来意义的马克思主义社会学。它与革命批判性形态的不同,主要在于:后者以"破"为主,前者以"立"为主。因此二者不能混淆,混淆了就要产生理论混乱。但是,这种不同不是对立,因为二者有共同的理论基础——唯物史观。而"破"是为了"立",二者的最终目标是相同的:革命批判性形态为建立社会主义社会扫清道路,间接地为社会主义社会服务;维护建设性形态则直接地为社会主义社会服务。

这种维护建设性形态的社会学,也就是我们通常所说的社会主义社会学。所以马克思主义社会学的外延要比社会主义社会学的外延宽。前者有两种形态,后者只相当于它的第二种形态。

应当说明的是,我们强调社会主义社会学研究社会主义社会良性运行

---

① 《马克思恩格斯选集》第1卷第273页。
② 《马克思恩格斯选集》第3卷第323页。

和协调发展的条件和机制,并不是否认矛盾、斗争、冲突、竞争等在社会主义社会的作用。恰恰相反,它们是保持和促进良性运行和协调发展的必要手段和条件,关键是要实事求是,按照客观规律办事,运用得当。例如,正常的学术批评和反批评对保持和促进学术界的良性运行和协调发展是十分重要的。

(三) 作为马克思主义社会学维护建设性形态的苏联社会学

维护建设性形态的社会学,在不同的社会主义国家有不同的特点。十月革命后,苏联社会学经过"肯定—否定—否定之否定"的曲折过程,终于逐渐争得了一门独立学科的地位,并获得了较大的发展。现在的苏联社会学就是一种带有苏联特色的维护建设性的社会学。看一看苏联社会学发展的坎坷道路及它的特点和存在的问题,总结它的经验和教训,对发展我国社会学是十分必要和有益的。

1. 苏联社会学的发展历程

(1) 早期的苏联社会学研究

所谓早期的苏联社会学,是指从十月革命胜利后开始到 30 年代后期,即 1917 年至 1938 年这 20 年左右的历史。在这段时期里,从沙皇俄国沿袭下来的资产阶级社会学受到批判,马克思主义社会学作为一门学科在大学里开始出现。不过在这个时期里,人们对于马克思主义社会学的认识比较肤浅,搞不清马克思主义社会学和历史唯物主义的关系,对从孔德开始的西方社会学采取了全盘否定的态度。认识上的这种片面性带来了不良的后果:一方面限制了早期苏联社会学的发展,另一方面导致了马克思主义社会学最终被否定和取消。

通常人们对于苏联社会学早期发展的这段历史了解较少,我们这里不妨谈得稍具体一些。

第一,对资产阶级社会学的批判。大家知道,在十月革命胜利后的最初年代里,苏维埃政权在接管文化教育领域之后,社会学作为一门学科或大学的课程并没有被禁止和取消。当时的彼得格勒(后改名列宁格勒)大学照例开设着社会学的课程,如社会学原理、社会学发展史等科目,并由先前的教师担任讲授。这些人是 C. 弗兰克、Л. 卡尔萨温、H. 洛斯基、П. 索罗金等,他们是一批在沙皇俄国已经有一定名望和地位的社会学家。由此可见,列宁和布尔什维克党在对待文化教育领域里的工作、在对待知识分子的问题上是比较慎重和注意政策的。为了把从旧社会过来的一批知识分子吸引到无产阶级方面来,使他们为苏维埃政权和社会主义制度服务,在当时经济极其困难的情况下,不惜采取重金收买的政策,对他们付以高薪,给予优厚的物质待遇,提供较好的工作条件,以求发挥他们的业务专长。采取这种政策和做法,从根本来说是符合无产阶级和广大人民群众利益的。但是,也应当看到,对于象索罗金这样一批社会学家——资本主义的卫道士,无论采取何种政策,要想改变他们的立场和世界观是不可能的。这里的问题倒不是由于他们思想落后,跟不上形势,或缺乏对革命的认识,而是他们反动的立场和顽固的资产阶级世界观决定了他们对革命的基本态度:不满、抵触和反抗。所以,他们利用继续在大学里任教的机会,利用社会的出版和言论的自由,大肆活动,进行着反对无产阶级革命的文化宣传和思想斗争。

众所周知,在十月革命后的最初岁月,列宁为首的布尔什维克党十分关心和重视在广大人民群众中进行无神论的宣传和破除宗教迷信的思想教育。在当时的历史条件下,强调这项工作,具有特别重要的意义,因为它关系到新生政权的巩固和社会主义制度的安危。了解苏联这段历史情况的人都会知道，这个时期的苏维埃政权处于敌人的四面包围之中，面临着严重的威胁和挑战：有来自敌人的经济封锁和破坏；有来自白匪的武装叛乱和外国的军事干涉；不甘心退出历史舞台的资产阶级及其政客到处煽风点火，并通过其在共产党内的代理人加紧非组织的派别活动。总之，阶级敌人想方设法，调动一切他们可以调动的力量，利用一切他们可以利用的手段，采取一切他们可以采取的形式，向年轻的苏维埃共和国发动进攻，妄图一举消灭它于摇篮之中。历史表明，阶级敌人的反扑不过是垂死挣扎，他们的行径不能改变历史发展的总趋势和革命的进程。然而当时的形势确是极其严重的，除敌人的军事威胁和武装挑衅外，思想文化领域里的斗争非常令人担心，特别是阶级敌人利用群众落后的思想意识和宗教迷信，掀起对无产阶级政权和社会主义制度的怀疑和不信任。事实证明，取得思想文化领域里一场斗争的胜利，要比在真枪实弹的战场上战胜敌人困难得多，在触及人们心灵深处的思想偏见和宗教意识时，尤其如此。马克思在谈到宗教的本质时，曾一针见血地指出：宗教是人民的精神鸦片。阶级敌人正是利用宗教迷信的这种特殊作用，进行着反对无产阶级革命的活动。

　　现在就来看看这批资产阶级社会学家在这样的一场历史性的大搏斗中的立场和态度。就是在这关键的时刻，卡尔萨温出版了一本《东方、西方和俄国思想》的小册子，公开宣扬俄国人自古就有宗教的传统、迷信的属性，怀有对上帝的内省感受，从而论证上帝的存在。弗兰克在《论概括的社会科学任务》一文中，也是多方论证神灵的存在，上帝的万能，世间万事万物皆是上帝的造化，神灵的具体体现。他们不仅著述立说在社会上广为宣传，而且利用上课的机会，大力向学生进行灌输。十月革命前夕担任俄国社会学协会秘书长的索罗金，更是课上课下积极宣传他的社会发展多因素论，妄图推翻马克思主义关于人们的物质生产活动在社会发展中起决定作用的唯物主义史观。除此而外，这批资产阶级社会学家也不放过其他的机会和形式，如成立研讨小组，以开展学术交流活动为名，加强彼此间的联系，扩大其社会影响。

1921年，彼得格勒大学就成立了这样的一个哲学小组。在小组开展的活动中，宗教迷信的思想内容居于首位。这从小组所作报告和讨论的问题可以得到证实。当时所作报告和讨论的问题有：《神城》，《论奇迹的信仰和宗教》，《谈唯物主义史观的神秘论》，《关于三种宗教观念中的历史哲学》等。

从以上我们所谈的情况可以看出，这批资产阶级学者完全站到了无产阶级和人民对立面一边，不甘心于资产阶级的失败和旧制度的灭亡，妄图与无产阶级进行一番较量。不难想象，他们的言行，他们课堂上的讲解，在学生成分发生了根本性的变化的情况下，会出现什么样的反应和引起什么样的后果。据当时有关方面的统计，20年代初，在彼得格勒大学低年级学生中几乎有近半数的人是来自工农速成中学的毕业生。尽管这些人的马克思主义理论水平还不很高，但是他们经过革命的洗礼和锻炼，又经过中学文化知识的补习和进入大学后的学习，他们在关于苏维埃政权、社会主义制度和与他们切身利益有关的大是大非问题的立场上是十分鲜明的。他们不同意教授们的观点，不赞成他们的唯心主义思想和宣传宗教迷信的愚民政策。于是，学生同教师在课堂上产生了分歧，先是展开讨论，后来变成激烈的争论，最后发展成理论冲突、情绪对立，直至学生拒听教师的讲授，把他们轰下讲台、赶出教室，请来"红色"专家登台上课，这就是20年代初期大学里开展的所谓"红色教授"运动和对资产阶级社会学进行的批判活动。这场运动在开始时带有一定的自发性质，随着运动的深入，逐步变成有组织、有领导的行动。当然，事态的过程是由各种因素促成的，其情形也要复杂得多，我们这里只不过是介绍大致的梗概。

第二，关于早期马克思主义社会学的建设。随着资产阶级社会学受到批判和退出历史舞台，建设马克思主义社会学的问题便尖锐地提了出来。正如我们前面所指出的，这时苏联理论界对于马克思主义社会学的认识还很肤浅，片面地以为历史唯物主义就是马克思主义社会学，"等同论"的观点占有统治地位。

1921年，出版了布哈林的《历史唯物主义的理论》一书，书中试图通过对韦伯等人社会学思想的批判和讨论，论证历史唯物主义是马克思主义社会学的观点。1923年，著名的马克思主义者、历史学家C.科瓦列夫发表了《历史唯物主义的教程》第一册。作者批判了孔德、斯宾塞、塔尔德以及俄国的社会学家科瓦列夫斯基和索罗金等人的思想观点，指出马克思和恩格斯所创立的唯物主义史观才是真正的科学社会学。如果考虑到列宁在论述什么是"人民之友"时，对于以米海洛夫斯基为代表的主观社会学的批判，强调马克思主义唯物史观奠定了社会学的科学基础，使之成为真正科学的著名论断，当时多数的马克思主义者得出历史唯物主义是马克思主义社会学的结论也就十分自然、不难理解了。

同时也应当指出，这时对马克思主义社会学也有不同的认识和看法。例如有人认为，历史唯物主义只是马克思主义哲学的一个组成部分，它表现为一般科学方法论的原则，而不是马克思主义社会学的理论，因此不能称历史唯物主义是马克思主义社会学。尽管当时对于马克思主义社会学存在一些分歧和不同的看法，但这不能从根本上改变历史唯物主义与马克思主义社会学"等同论"的基本观点。1929年，C.奥兰斯基的《马克思主义社会学的基本问题》一书出版，作者着重批驳了认为历史唯物主义仅是一般科学方法论的观点，进一步阐发了历史唯物主义就是马克思主义社会学的"等同论"思想。至此，关于历史唯物主义和马克思主义社会学的关系问题已成定论，没有人提出怀疑和继续争论，于是最终形成了和确立了历史唯物主义型的即"等同论"的苏联马克思主义社会学。

20 年代至 30 年代初这段时间里，苏联社会科学工作者和部分从事实际工作的同志，遵照列宁的指示，对年轻苏维埃共和国的社会结构、劳动生活、工作闲暇和文化教育，特别是农村状况进行了有益的社会调查。尽管当时的调查研究的技术和手段不尽科学和完善，但所积累的材料和经验对尔后苏联社会学的发展起了积极的作用。这一时期涌现出的较有代表性的研究成果是：《我们的农村》(Я. 亚科夫列夫，1924 年莫斯科)，《职业的选择》(И. 施皮尔赖因，1925 年莫斯科)，《农村的面貌》(Н. 罗斯尼茨基，1926 年莫斯科—列宁格勒)，《工人日常生活的纪实》(Е. 卡博，1928 年莫斯科)，《今日的宗教》(С. 瓦列夫松，1930 年明斯克)，《论科学劳动的计算方法》(С. 斯特鲁米林，1932 年莫斯科) 等。其中斯特鲁米林的《论科学劳动的计算方法》一书所叙述的一些问题，如科学工作的性质，科学活动的效率，科学研究活动正确组织的方法等，至今仍有一定的参考价值。

总之，在这一时期，苏联开始了马克思主义社会学的建设工作，但是对于到底要建设一门什么样的马克思主义社会学心中无数，还停留在知其然而不知其所以然的水平上。所谓知其然，是指已经初步感受到需要有一门与西方不同的马克思主义社会学学科。所谓不知其所以然，是指对这门学科的性质和任务的认识还相当模糊，简单地把历史唯物主义当作为马克思主义社会学，出现了用历史唯物主义"替代"或"等同"于马克思主义社会学的做法。看不到作为哲学学科的历史唯物主义和作为具体学科的马克思主义社会学的不同。哲学是一门世界观和方法论的科学，社会学则是一门以社会良性运行和协调发展的条件和机制为其对象的具体社会科学。二者对于社会研究的出发点、角度和方法不同。当然，马克思主义社会学在不同的历史时期和社会条件下可以表现为不同的具体形态，如在无产阶级取得政权之前以对资本主义批判为主的革命批判性形态和在无产阶级取得政权之后以促进本国社会主义建设为主的维护建设性形态。由于苏联理论界缺乏对马克思主义社会学两种形态的认识,因此不能在新的历史条件下为发展维护建设性的马克思主义社会学而工作。

与此同时,在对待西方社会学的问题上,看不到他们的某些经验和具体研究方法也有可以采用和借鉴之处,而不加分析取一概否定的态度,也是认识上的片面性的一种表现。所以在30年代的后期,斯大林的《论辩证唯物主义和历史唯物主义》(1938年)发表以后,斯大林的个人迷信开始滋长,教条主义的空气日渐浓厚,政治民主和社会主义的法制大大削弱,学术自由讨论的传统受到破坏,随之而来的是对资产阶级意识形态的全面批判运动。在这场所谓无产阶级对资产阶级的大批判运动中,社会学作为"资产阶级伪科学"和"反科学"成了首当其冲的靶子,马克思主义社会学在这场批判中也被否定和取消。从此,便结束了早期苏联社会学的发展历史。

总起来看,苏联社会学在其早期发展阶段上有以下两个特点:第一,形成和发展出一种历史唯物主义型的马克思主义社会学,即历史唯物主义完全"等同"于马克思主义社会学。第二,这一时期的社会学经验研究尚没有作为马克思主义社会学有机整体的一部分被包括进来,二者的关系还不明确,因而各自保持着独立。

(2)如何看待苏联社会学被否定的历史

关于苏联社会学30年代至50年代被否定的这段历史,对于置身其外的研究者来说,一般看得比较清楚,没有多少不同意见。但对于苏联社会学界自身来说却成了至今说不清楚的一个难题。当然,这也不是没有原因的。

苏联社会学界对于30年代至50年代这段历史情况一般持回避态度,

保持沉默，不公开发表意见。即令在需要涉及这段历史时，通常也是三言两语，含糊其词，不具体表态，不说明苏联社会学在这一时期的状况。对于这种现象人们可能感到奇怪和不可理解，不禁要问：苏联社会学不是早就恢复了吗？近年来不是有了很大的发展吗？为什么他们对于自己过去的历史不能进行认真的讨论和深刻的反思呢？表面看来似乎有些奇怪，实际上也并不奇怪。这是因为关于苏联社会学这段历史确实有难言之处，其难就难在它既关系到对于早期社会学的评价又涉及到对于当前苏联社会学理论体系的看法。如果问题仅仅局限于前者或许也还好说，但当问题牵连到后者时，情况就显得十分复杂，成了多数人心有余悸而不敢问津的问题。我们说苏联社会学界至今说不清楚这段历史就是因为这个缘故。

事情确实如此。从苏联理论界的传统观点看来，历史唯物主义就是马克思主义社会学。他们在马克思主义社会学和历史唯物主义之间完全划上了等号。因此，把历史唯物主义摆在前面，称历史唯物主义是马克思主义社会学，或者把马克思主义社会学摆在前面，称马克思主义社会学是历史唯物主义，在他们眼里，两种说法毫无区别。从这种"等同论"的立场出发，很难得出苏联社会学在 30 年代至 50 年代被否定和取消的结论。因为这种结论在理论上和逻辑上都是讲不通的。30 年代至 50 年代期间，无论是斯大林的教条主义也好，或者是斯大林的个人迷信也罢，但一个明显的事实是，历史唯物主义作为一种理论或一门学科并没有被取消和禁止。既然历史唯物主义没有被取消和禁止，那么又怎么能说马克思主义社会学被否定和不存在了呢？最多是不提或不用"社会学"这个名词、术语而已。

苏联科学院列宁格勒分院哲学研究所 B. 恰根教授在《苏联社会学思想史纲》（1971 年列宁格勒）一书中反映出来的就是这样一种观点和逻辑。书中有"30 年代后半期至 50 年代中期马克思主义社会学状况"一章，专门讨论这个问题。在作者看来，根本不存在苏联社会学被取消和否定的情况。作者只是在谈到斯大林的个人迷信和教条主义的后果时，才提到这一时期对马克思主义社会学研究带来了严重困难，具体表现在缩小了作为马克思主义社会学的历史唯物主义的研究内容，阻碍了马克思主义社会学的进一步发展。

但是应当指出，苏联社会学界多数人并不同意这种观点和结论。问题很明显，如果苏联社会学不存在什么"中断"和被"否定"的话，那么苏联社会学50年代后期的恢复和重新提出来进行讨论又从何谈起？岂不是成了多余和不必要吗？

我们认为，苏联社会学在没有搞清与历史唯物主义的关系、明确划清两者的界限之时，具体地讲，在没有改变现行的苏联社会学结构体系的情况下，一般不大可能对于这段历史进行公开的讨论和作出清楚的说明和回答。

(3) 如何看待"三层次论"在恢复后的苏联社会学中所占的主导地位

苏联社会学自50年代后期恢复以来，发展很快，成绩显著。1958年成立了苏联社会学会；1968年苏联科学院建立了具体社会研究所，1972年改名为社会学研究所，1974年公开发行《社会学研究》杂志作为该所的机关刊物。在此期间，苏联各加盟共和国科学院系统也相继建立了社会学研究机构。在一些较大的城市，成立了各有侧重的专门问题研究中心。在国立莫斯科大学、国立列宁格勒大学和白俄罗斯国立列宁大学等几所著名的学校里，陆续开出了一般社会学和若干分科社会学的课程，设立研究生班，培训社会学中高级研究人员。同时还出版了大量的社会学专著和研究报告，其中比较有代表性的有：《社会学手册》(1976年莫斯科)，《社会学和现时代》(第一、第二卷，1977年莫斯科)，《苏联社会学研究的理论和实践》(Г. 奥西波夫，1979年莫斯科)，《社会学研究的方法论和程序》（А. 兹德拉沃梅斯洛夫，1969 年莫斯科），《应用社会学研究的方法论》（1976 年莫斯科），《十九世纪至二十世纪初资产阶级社会学史》（И. 科恩主编，1979 年莫斯科），《二十世纪上半叶资产阶级社会学史》（Л. 伊奥宁、Г. 奥西波夫主编，1979 年莫斯科）。

在这期间苏联社会学界还进行了大量的、内容广泛的具体社会学研究工作，从社会结构和社会关系到社会主义的生活方式、个性的发展，从社会规划、管理和预测到城市、乡村的具体建设，从制定人口政策到社会移民、劳动力流动，从严格劳动纪律、提高劳动效率到现代化的企业管理、科学组织等等问题，都有深入细致的研究。在研究的方法和技术手段方面，不断改进和完善。这个时期，苏联具体社会学研究的特点是，注意社会学工作者内部的分工，加强同其他学科的合作，发展横向联系。从 1972 年至 1979 年的几年时间里，曾先后召开过 15 次较大规模的地区性和全国性的协调社会学研究工作的会议。社会学研究的问题和门类从 1965 年前后的六七种，增加到 1980 年前后的 40 余种。以上所谈的这些都是早期苏联社会学未曾有过的现象。然而真正代表苏联社会学这一时期特点的东西，我们认为，主要还是表现在它的理论体系结构方面。

苏联社会学自 1957 年开始恢复以来，就对马克思主义社会学的对象和体系结构问题展开了激烈的讨论，直到 1968 年才初步形成了一种为官方和理论界多数人所接受的体系结构。

在关于苏联社会学体系结构问题的争论过程中，发表过各种不同的意见和观点，归纳起来，主要有以下三种：一种是传统的保守派意见。他们依然坚持"等同论"或"替代论"的看法，只承认历史唯物主义是马克思主义社会学。在他们看来，唯独如此，才是真正继承和发扬马克思主义社会学思想传统，体现马克思主义社会学的无产阶级党性原则。坚持这种观点的人，是一些长期从事马克思主义哲学理论工作的专家、教授、一派名流，其中有的人曾直接参加了30年代、40年代对社会学的批判和否定。这种保守派，实际上是新形势下的取消派，只不过是迫于形势，不能再公开打出这面旗帜而已。传统保守派的意见在60年代初期占有压倒的优势，是这一时期的主流派。但毕竟由于这种看法已经过时，不符合时代的精神和学科发展的逻辑而未被最后采纳。与之针锋相对的另一派，极力主张马克思主义社会学应是一门与历史唯物主义不同的独立学科。其理由是社会学有自己特定的研究对象，有自己的理论和方法。这是一些比较了解二次大战后西方社会学发展的务实派。由于他们意见尖锐，态度激进，我们不妨称他们为激进派。但他们过分强调社会学的经验研究和应用性，并直接搬用大量的西方社会学的名词、概念，为此他们被指责向资产阶级社会学屈服和放弃马克思主义社会学的党性原则而受到严厉批评。自然，这种激进派的观点也是站不住脚的。在这种情况下，采双方观点之长，采取折中态度的第三种人的意见，即所谓稳健派的观点，受到好评和重视。他们所提供的马克思主义社会学的结构体系至今仍被采用，这可算是稳健派对苏联社会学所作的一大贡献。

以中青年为骨干的苏联社会学稳健派人物在60年代这场旷日持久的历史性的大讨论中成功的奥秘就在于：他们能够审时度势，分寸得当；既了解本国国情，又熟悉国外社会学的发展；既不完全因循守旧，止步不前，又不轻举妄动，贸然行事；而是在争论双方陷入僵局的关键时刻，恰到好处地引入"专门社会学理论"（亦称局部社会学理论）的概念，在对峙的双方之间架起一座沟通的桥梁，构筑成马克思主义社会学"三层次论"的结构体系。

所谓"三层次论"的结构体系，是指马克思主义社会学包括这样三个组成部分：作为马克思主义社会学一般理论的历史唯物主义，这是第一层次；作为马克思主义社会学专门理论或局部理论的中间层次；作为经验研究的具体社会学，是它的第三层次。正如苏联《社会学手册》中所指出的："马克思列宁主义社会学是具有复杂的结构，并把一般理论、局部理论和具体研究等各类社会认识有机地结合起来的一门科学。"[①]

让我们简单分析一下这样三个层次之间的关系。首先应当明确，上述三个层次不是并列的三个部分，而是一种有序的即具有高低之分的"等级结构"。苏联社会学界特别指出这一点，并有人把他们的社会学叫作具有"等级式结构的科学"。在苏联社会学的"等级结构"中，历史唯物主义作为一般社会学理论处于该体系的最高层，金字塔的塔尖部分。它决定和把握社会学的研究方向，体现马克思主义社会学与西方资产阶级社会学的本质不同。专门社会学理论是该体系结构的第二个等级，中间层次。专门社会学理论的概念系由美国社会学家罗伯特·K.默顿的"中级理论"概念引申而来，苏联社会学界对此并不隐讳。专门社会学理论作为该体系结构中的中间环节，具有承上启下、联系、贯通整体结构的作用。不言而喻，它占有非常重要的位置，是具有决定性意义的一环。这里所说的专门社会学理论，是指各分科社会学的理论观点，如家庭社会学、劳动社会学、城市社会学等等。至于说处于第三个层次、作为该体系基础的具体社会学，它的任务则是进行经验研究，通过一定的程序和方法，包括运用电子计算机等现代化的技术手段，进行资料的收集和整理工作，检验和发展专门社会学理论，并为论证和阐述历史唯物主义基本原理提供事实根据。这就是苏联马克思主义社会学中三个层次间的一般关系。

那么，如何看待苏联社会学的这种结构体系呢？对于苏联社会及其理论背景不很熟悉的人，也许很难从中悟出什么更深的道理。但是，在我们上面指出了它的产生和形成的历史过程之后，或许能够帮助进一步思考这

[①] 苏联科学院社会学研究所：《社会学手册》，浙江人民出版社1983年版第16-17页。

个问题。我们认为,苏联社会学的这样一种理论体系和结构恰好反映了苏联社会学在当前发展阶段上的某些特点。第一,它突出和强调历史唯物主义是马克思主义社会学的一般理论,而不再是过去意义上的"等同论",就此点而言,不能不说是一种历史的进步。第二,专门社会学理论和具体社会学研究,虽说是两个不同的层次,但二者的关系最为密切,最能体现社会学的学科性质和特点,是苏联社会学的实体部分。将以上两点结合起来看,便可以得出反映苏联社会学目前状况和本质的第三个特点:历史唯物主义既承认马克思主义社会学是一门独立学科而又不肯完全放手任其独立存在和发展的一种矛盾现象。我们认为,只有认识和把握住苏联社会学的这些特点,特别是最后一点,才能从根本上了解苏联社会学。

我们应当看到,当前苏联社会学的这种结构体系,是苏联社会特定历史条件下的产物,是不同意见的各方彼此妥协和让步的结果,它必将随着社会情况的变化而变化,因为在这一结构体系中包含着内在的矛盾和不协调的因素。正是由于这个缘故,进入 80 年代以来,苏联社会学界不断有人提出要改变这种"三层次论"的结构体系,彻底划清社会学同历史唯物主义的关系和界限,使社会学成为一门象其他社会科学一样完全独立的学科。提出这种观点的理由和根据是,历史唯物主义本身是一门学科,它有自己的研究对象和具体内容,而在目前苏联社会学的这种结构体系中,它作为一般社会学理论,势必会、事实上已经造成了两门学科在研究的对象和内容上的不必要的重复,于学科的发展不利。鉴于这种情况,由苏联科学院《社会学研究》杂志编辑部牵头于1980年和1985年先后两次组织了以"马克思主义社会学的对象和结构"为内容的专题讨论会。由于与会者的人数有限,并且是经过严格挑选的社会名流,所以参加会的持传统观点的保守派居多,代表改革要求的不同意见者寥寥无几。因此,仅就两次讨论会(实为座谈会)刊登出来的发言摘要来看,可以说没有取得任何进展，不过，这不能完全反映苏联社会学界的思想动态。这也清楚地告诉人们，当前，大刀阔斧地改变苏联社会学这种体系结构的条件尚不成熟，在最近一个时期或许不会有很大的动作，然而最终的改变是不可避免的，只不过是时间早晚的问题。

2. 苏联社会学的特点和存在的问题

苏联社会学作为一种具有苏联特色的维护建设性的社会学，最清楚地表现在他们自己所说的苏联社会学的四大特点、三个基本职能和六大任务之中。

苏联社会学的四大特点是："第一，苏联社会学是在马克思、恩格斯、列宁的社会学传统的精神中发展的，它是科学共产主义奠基人社会学学说的合乎逻辑的继续。第二，马克思列宁主义社会学是在辩证唯物主义和历史唯物主义哲学的一般理论方法论基础上，在与现实生活相联系的基础上，不断地丰富自己的全部科学资料，改进自己的学术研究工具、方法和技术而发展的。第三，苏联马克思列宁主义社会学是和科学共产主义理论有机地联系着的，它为解决苏联共产主义建设社会任务的目的而积极服务。这是一门具有深刻党性的科学。苏联社会学是苏联共产党和苏联人民为共产主义在苏联的完全胜利而斗争的有效武器。第四，马克思列宁主义社会学是在同资产阶级社会学进行不调和的斗争中改进自己的理论和方法论的，资产阶级社会学是垄断在资产阶级手中控制人和奴役人的意识的工具。"[①]

苏联社会学的三个基本职能是：第一，认识职能。"马克思列宁主义社会学是以社会发展过程的客观规律性的知识来武装自己的。"第二，实践职能。"马克思列宁主义社会学能够帮助人们制定对社会生活各领域活

---

① 奥西波夫：《苏联社会学研究的理论和实践》，中国人民大学出版社1982年版第249页。

动和发展的过程实行科学管理的各种建议。"第三，思想职能。"马克思列宁主义社会学为群众的思想教育任务服务，并且同反动的思想体系进行思想斗争。"①

苏联社会学的六大任务是：第一，"进一步发展作为普通社会学理论的历史唯物主义"；第二，"在全国范围内按照共产主义建设的最重要的社会问题组织和进行选样研究"；第三，"按照最重要的社会和政治问题进行有系统的舆论调查"；第四，"制订国民经济发展和规划的社会指标和指示器系统及其测量方法"；第五，"积极参加制订劳动集体的社会发展计划"；第六，"在全国组织有系统的社会学教育，以满足国家对高度熟练的社会学家干部的实际需要"②。

如果说，上述四大特点、三个基本职能还是一般地说明苏联社会学是一种维护建设性的社会学：苏联社会学为苏联共产主义建设服务，是争取共产主义在苏联完全胜利的武器，能够帮助人们制定对社会生活实行科学管理的建议等等；那么，六大任务则较具体地谈到如何来维护和建设苏联社会，促进它的良性运行和协调发展了。

由上述几方面可以看到，苏联社会学的优点是：强调社会学要由辩证唯物主义和历史唯物主义的指导，强调社会学要为社会主义和共产主义建设服务，重视社会指标体系的研究等；不足是：还没有很好解决历史唯物论和社会学的关系问题，还没有明确社会学研究的对象，对待西方社会学，批判的调子很高，但缺乏分析的态度，没有明确提出区分精华与糟粕等。这些不足对苏联社会学的发展是很不利的。

苏联社会学，作为一种带有苏联特色的维护建设性的社会学，对我们建立具有中国特色的马克思主义社会学来说，是一种最切近的参考。实事

---

① 参见苏联科学院社会学研究所：《社会学手册》，浙江人民出版社1983年版第39页。
② 奥西波夫：《苏联社会学研究的理论和实践》，中国人民大学出版社1982年版第249页。

求是地估计它的优点缺点、强点弱点，是十分重要的。这样才能采人所长，避人所短，避免照抄照搬的教条主义错误。

（四）马克思主义社会学与西方社会学

在分别说明了马克思主义社会学的两种形态和西方社会学的实质之后，我们就能较为具体地分析这两大分支社会学的关系了。

1. 革命批判性形态的马克思主义社会学与西方社会学的关系

总的来说，马克思、恩格斯创立的马克思主义社会学跟孔德创立的西方社会学，尽管在大体相同的历史背景下产生，并都以社会的良性运行和协调发展的条件和机制为对象，但从一开始就是根本对立的。

马克思主义社会学的第一种形态——革命批判性形态与西方社会学的对立主要表现在对资本主义的观点和立场不同。马克思、恩格斯认为资本主义社会在总体上根本上是不能良性运行和协调发展的，而从孔德开始的西方社会学则认为，资本主义社会尽管有弊病，但整个来说是能够良性运行和协调发展的。这两种社会学传统的根本对立，可以归结为前者要推翻资本主义社会，建立新社会，后者则是要维护资本主义社会，改善旧社会，因此二者确是革命与改良的对立。这就不难理解，马克思和恩格斯为什么对孔德采取那样严厉的批判态度，如马克思说："我作为一个有党派的人，是同孔德主义势不两立的，而作为一个学者，我对它的评价也很低"[①]。不难理解，他们为什么拒绝采用孔德创造的"社会学"这一名词；

[①] 《马克思恩格斯全集》第33卷，人民出版社1973年版第228页。

也不难理解,很长时间内西方非马克思主义社会学的不同流派,为什么把马克思主义当作自己攻击的主要目标。

这种对立还表现在各自的指导思想和理论基础不同。马克思、恩格斯坚持唯物史观,而从孔德开始的西方社会学则坚持唯心史观。

以上两点根本对立还可追溯到马克思、恩格斯与孔德从圣西门等人那里汲取的东西不同。在圣西门那里,既有无产阶级倾向,又有资产阶级倾向;既有积极因素,又有消极因素。大体说来,马克思、恩格斯继承的是前者,孔德汲取的则是后者。

圣西门的无产阶级倾向主要表现在:第一,对现存资本主义制度的猛烈抨击。马克思、恩格斯指出这些抨击"提供了启发工人觉悟的极为宝贵的材料"[1]。第二,对未来社会主义社会的天才猜测。马克思主义创始人认为这些猜测表明,圣西门有"天才的远大眼光"[2]。圣西门的资产阶级倾向则主要表现在:第一,他和19世纪其他空想社会主义者一样,是从唯心史观出发的,要建立的实质上仍然是18世纪启蒙学者的理性和永恒正义的王国,尽管空想社会主义者对理性和永恒正义王国的理解,与启蒙学者有天壤之别。而建立理性王国的手段,不是阶级斗争,而是说服资本家发善心。第二,他也和19世纪其他空想社会主义者一样,只是限于道义上谴责现存制度,而不能科学地揭示资本主义剥削的秘密。因此,正如恩格斯指出的,空想社会主义者"愈是义愤填膺地反对这种生产方式必然产生的对工人阶级的剥削,就愈是不能明白指出这种剥削在哪里和怎样发生"[3]。

孔德继承和强化了圣西门的唯心史观和阶级调和等观点,大大弱化了

---

[1] 《马克思恩格斯选集》第1卷第283页。
[2] 《马克思恩格斯全集》第19卷,人民出版社1972年版第212页。
[3] 《马克思恩格斯全集》第19卷第226页。

圣西门对现存制度的抨击,放弃和牺牲了圣西门的积极方面。恩格斯曾指出:"孔德的全部天才思想都是从圣西门那里接受过来的,但是他在按照个人的观点分类整理时把这些思想糟蹋了:他剥去这些思想特有的神秘主义外衣,同时也就把它们降到更低的水平,尽自己的力量按庸人的方式把它们加以改作。"孔德"把'师父'的学说的个别方面加以强调和发挥,却牺牲了他的整个宏伟的思想"[①]。

与此相反,马克思主义创始人一方面正确地分析了圣西门思想的两重性,汲取了它的积极因素,另一方面又摒弃了它调和阶级斗争、宣扬社会改良主义的消极方面。与此同时,马克思、恩格斯把唯物辩证法应用于整个社会历史,揭示了社会发展的一般规律,创立了唯物史观;又把唯物辩证法应用于资本主义社会,创立了剩余价值学说,揭开了资本主义剥削的秘密,指出了社会主义必然战胜资本主义的真理和道路,从而使社会主义真正从空想变成科学,为科学的社会学的产生奠定了基础。

2. 维护建设性形态的马克思主义社会学与西方社会学的关系

从马克思开始的马克思主义社会学和从孔德开始的西方社会学,在自己的发展过程中都发生了很大的变化,因此在二者的关系上也必然要发生某种变化。

马克思主义社会学的第二种形态——维护建设性形态与西方社会学的关系,大体可以这样来概括:这两种社会学仍然是根本对立的,但也出现了某种相似之处。

除了指导思想和理论基础的根本对立之外,二者的另一个根本区别在

[①] 《马克思恩格斯全集》第39卷,人民出版社1974年版第374-375页。

于：西方社会学归根到底是为了维护资本主义社会，而维护建设性形态的马克思主义社会学则归根到底是为了维护社会主义社会。这就是说，二者根本对立的内容，与革命批判性形态同西方社会学根本对立的内容相比，出现了变化：二者不再是推翻和维护资本主义社会的对立，不再是革命和改良的对立。所以，整个地、历史地看，马克思主义社会学与西方社会学之间存在着两种不同的根本对立的关系：推翻和维护的对立以及维护和维护的对立。很显然，就第二种关系说，两种社会学要维护的对象是根本对立的，但是要维护这一点却是相似的。这种相似性大体可以从下面几个方面来理解。

第一，作为维护，两种社会学都要论证被维护的东西的优越性，这一点是相似的。西方社会学总是这样那样地、程度不同地论证着资本主义制度的优越性，有的甚至用小骂大帮忙的方式来进行。而马克思主义社会学的第二种形态，也不可避免地要根据实际情况来具体地客观地论证社会主义制度的优越性。

第二，作为维护，总要寻找一套维护的办法，即在不触动根本制度的前提下改善社会运行机制的办法。我们已经看到，西方社会学自始至终都是这样做的。维护建设性形态的马克思主义社会学对待无产阶级革命胜利的成果——社会主义社会，也必须这样做。社会主义社会学的目的，正是为了改善社会主义。

第三，作为维护，总要面对各自存在的社会问题、社会障碍的因素。西方社会学从资产阶级的立场、观点、方法来研究资本主义制度下的各种社会病；维护建设性形态的社会学则从马克思主义的立场、观点、方法来探讨社会主义条件下的种种社会问题。

我们认为，理解上述相似性并不是没有意义的。既然马克思主义社会学的第二种形态，也是一种维护性的社会学，既然西方社会学作为一种维护性的社会学，具有较长的历史、有较多的经验，既然西方社会在总体上根本上不能良性运行和协调发展并不等于它的每一个局部都是这样，那么我们在维护社会主义制度时，为什么不可以用马克思主义的立场、观点和方法，有批判地借鉴西方社会学、为我所用呢？

由上可知，在分析马克思主义社会学与西方社会学的关系时，要分清是那一种形态的马克思主义社会学与西方社会学的关系。革命批判性形态和维护建设性形态各有特点，二者与西方社会学的关系也各有特点。把这两种关系混为一谈，就会在理论上产生混淆，在实践中产生恶果。

3. 实事求是地、具体分析地看待西方社会学

研究马克思主义社会学和西方社会学的关系，着眼点是为了正确看待西方社会学。我们知道，实事求是、具体分析是用马克思主义的立场、观点和方法看待西方学术观点，如现代西方哲学、经济学、文艺理论、政治学等等的核心和灵魂，当然也是用马克思主义的立场、观点和方法看待西方社会学的核心和灵魂。用实事求是和具体分析的态度对待西方社会学，一方面，要承认西方社会学跟马克思主义社会学的原则区别，批判它实际包含的唯心史观和形而上学的倾向，批判它为资本主义辩护的狭隘意识形态，而不能对这些东西听之任之，更不能把它们当作正确的东西来宣扬；另一方面，又要分清精华与糟粕，有批判、有分析地利用其中适合我国国情的精华的东西，而不能采取虚无主义的态度。

要实事求是地、具体分析地看待西方社会学，就要区别对待西方社会学的不同组成部分。西方社会学大体由经验研究和理论观点两大部分组成。

就经验研究来说，大致又可分为两个方面。第一，是对各种社会问题

如自杀、吸毒、犯罪、失业、卖淫、离婚、种族歧视等等的调查。调查，一般地说，既包含基本的事实，又包含在一定观点指导下从这些事实中得出的结论。第二，在对社会问题进行调查研究过程中形成和发展起来的一套调查方法和社会统计方法。从这两方面看，事实材料、社会调查方法和社会统计方法，属于人类文明大道的共同财富。马克思主义经典作家在利用资产阶级学者获得的事实材料和具体方法方面，为我们树立了榜样。例如，列宁曾指出，资产阶级教授"在实际材料的专门研究方面能够写出极有价值的作品"[1]，马克思主义者的任务就是要善于汲取和改造这些教授所获得的成就。他还指出，在研究新的经济现象时，如果不利用这些教授的著作，"就不能前进一步"[2]。对于西方社会学在一定观点指导下从事实材料中得出的结论，则要采取分析的态度，不能轻信，在利用这些结论时，要善于消除其中的资产阶级倾向，贯彻马克思主义的路线。

就理论观点来说，大致也可以分为两个方面：总体理论和局部理论。

西方社会学的总体理论，早期有用生物来比拟社会的社会达尔文主义，有用物理来比拟社会机理的机械社会学，有夸大社会某一因素如地理环境的地理学派，有本末倒置把心理现象作为社会根本的心理学派，以及把文化环境作为社会根本的文化学派等。这些早期社会学总体理论的片面性、表面性和主观性是显而易见的。当代西方社会学各流派的总体理论，就其基本观点来看，是和早期流派一脉相承的。如功能学派与生物社会学有关，符号互动学派则与心理学派有关。这些总体理论，实质上都是与历史唯物论根本对立的，应该加以摒弃。但是同时也应注意：第一，必须把总体理论跟总体理论中包含的某些合理因素区分开来。例如把文化等非经济因素夸大成社会发展的决定性因素无疑是错误的，但强调文化因素对社

---

[1] 《列宁选集》第2卷第349页。
[2] 同上书第350页。

会发展的作用则是合理的。必须把总体理论与受到总体理论歪曲的具体科学成果区分开来。例如，在否定地理学派的理论观点时，不能连地理学派用来论证其观点的许多地理学知识和成果也否定掉了。这正如在否定牛顿用来解释太阳系何以由静到动的"第一推动力"时，不能连牛顿力学的三大定律也否定掉了。第二，必须承认上述总体理论的某些历史作用，它们曾经程度不同地促进了对社会舆论、集体心理、团体关系、人与环境、民族文化因素等问题的研究。第三，应当认识到上述总体理论提出的许多范畴，并不是纯粹的虚构。例如，结构功能主义提出的"结构"、"功能"的范畴反映了这样的事实：有社会就有社会结构，每一结构都有自己的功能。结构功能主义作为总体理论整个看来是错误的、片面的，因为它只从横的方面来看社会，并且夸大了社会平衡的作用，否认了社会冲突的作用。但这不等于结构、功能的范畴也是错误的，这就象经验主义是错误的，但经验是宝贵的，经验的范畴是不能否定的一样。

西方社会学的局部理论不同于整体理论的地方在于：它不是关于社会整体的观点，而是关于社会某一局部的观点，如角色理论、核心家庭理论、科层制理论、社区理论等。这些局部理论，一方面受到总体理论的制约，自然包含有谬误的地方；另一方面从局部来分析问题都有一定的合理性。如西方社会学的角色理论，把人看作角色的总和，停留在人扮演不同的角色的现象上，而没有理解角色的本质是社会关系，没有理解角色背后的阶级属性。这无疑是不符合历史唯物论的基本观点的。但同时也应该承认，我们每个人确实扮演着一定的社会角色：师生关系中的师与生，家庭关系中的父母、夫妻、子女，工作关系中的上下级、同事，等等。实际上我们都在自觉不自觉地进行着角色分析。例如，我们平常不是常说一个人配不配当老师或能不能当一个好老师的问题吗？所以问题在于抛弃西方角色理论的片面观点，而用马克思主义的观点对角色进行分析，说明角色是社会关系的具体体现。这样才能真正占领有关的理论阵地。

总之，马克思主义不是狭隘封闭的，而是开放的，是用人类文明大道一切合理的东西丰富起来的。我们要在立足于我国社会主义实践的同时，有批判地汲取适合我国国情的精华的东西，这样才能高于西方社会学。

在实事求是、具体分析地对待西方社会学的问题上，要反对两种倾向：一种是全盘否定，一种是全盘肯定。前者只看到马克思主义社会学与西方社会学的根本对立，而忽视了西方社会学所包含的合理的东西；而后者则看不到二者的根本对立，片面夸大了西方社会学包含的某些合理的东西。这两种倾向都是不符合用马克思主义的立场、观点和方法对待西方社会学的。

（五）社会学两大分支在旧中国的特殊性

旧中国社会学同样有两个传统：受西方影响的社会学和马克思主义社会学。中国马克思主义社会学在自己的发展过程中同样有两种形态：解放前是革命批判性的形态，解放后是维护建设性的形态。因此一般地说明了马克思主义社会学与西方社会学的关系之后，再来解释中国两种社会学传统的关系，就较为容易了。因为后一关系，总的说来，没有超出前一关系的范围和框架。

但是，近代中国是一个半殖民地半封建的社会，不同于西方的资本主义社会。社会学两大传统在中国的引入、传播、形成和发展以及二者的关系，都不能不具有中国的特点。

因此，在考察中国两种社会学传统的关系时，既要考虑它们的一般性，又要考虑它们的特殊性，二者缺一不可，而重点应放在说明特殊性上。因为弄清这个特殊性，不仅对深入理解一般性十分重要，而且对理解我国社会学的现状,建立具有中国特色的马克思主义社会学也有巨大的参考意义。

1. 旧中国受西方影响的社会学的特点

西方社会学是在上世纪末本世纪初传入中国的。如果从严复（1854—1921）译述、出版斯宾塞的《社会学研究》（1897年在《国闻报》发表该书前两章,到1903年以《群学肄言》为名发表全书）为标志,旧中国受西方影响的社会学大约共有50年的历史。纵观50年的历史,这一传统的社会学大致有以下几个特点。

第一,旧中国受西方影响的社会学一开始就带有矛盾性质。

这一点在严复那里最为明显也最为典型。一方面,严复系统地引进、介绍包括社会学在内的西方社会科学思想,总的看来,是和反帝救国、变法维新联系在一起的。在中日甲午战争失败的刺激下,在达尔文和斯宾塞等人的进化论思想的影响下,他形成了关于中国落后挨打的原因的新看法:中国之所以贫弱,不只是由于缺少"船坚炮利"的物质技术,主要是由于不懂得优胜劣败、适者生存的"生存竞争"规律也适用于社会,从而导致了适应和竞争的能力的缺乏,奋发自强的精神的低落。他在所译《群学肄言》的序言中,把"生存竞争"规律叫做"天演之道",并把它归结为"物竞天择,所存者善"[1]。所以,要富国强民,就必须按照"天演之道",奋起自强不息,提高适应和竞争的能力。严复还强调"法"对社会的作用,认为社会是一种依法规组织起来的群体（"群有数等,社会者,有法之群也"[2]）,从而在社会学理论上说明了变法对社会的必要性。最重

---

[1] 严复译:《群学肄言》第Ⅷ页。
[2] 同上书第Ⅵ页。

要的是，严复是围绕中国的"治"与"盛"来阐发西方社会学的。他把社会学看作是用科学的规律，去考察社会的变迁，以便理解过去、预测将来的科学（"群学何？用科学之律令，察民群之变端，以明既往、测方来也"①）；看作是研究社会的治乱盛衰的原因，从而掌握"正德"、"利用"、"厚生"三者的根本的学问（"群学者，将以明治乱、盛衰之由，而于三者之事操其本耳"②）。他认为《群学肄言》的目的、同时也是他翻译此书的目的是，阐明社会学这门学科的宗旨，研究它的功用，从而揭示社会所以达到"治"的方法或规律（"肄言何？发专科之旨趣，究功用之所施，而示之以所以治之方也"③）。总之，这一切表明，严复和当时许多向西方学习的先进人物一样，相信西方的社会科学"很可以救中国"，而"要救国，只有维新，要维新，只有学外国"④。正因为有这一方面，严复才能成为中国近代的启蒙思想家，成为中国共产党出世前向西方寻找真理的人物之一。正如毛泽东指出的，"自从一八四〇年鸦片战争失败那时起，先进的中国人，经过千辛万苦，向西方国家寻找真理。洪秀全、康有为、严复和孙中山，代表了中国共产党出世以前向西方寻找真理的一派人物"⑤。

但是，另一方面，严复的思想又充满新旧矛盾，在爱什么国、如何救国、如何变法等问题上，明显地打上了改良保守的印记，从而越来越与革命派处于对立的地位。他爱的中国是象英国一样的君主立宪的国家，他救国的方法是要把中国的传统价值（《大学》、《中庸》的精义）和西方思想结合起来，走渐变改良的道路，反对"骤变"革命的道路。严复把斯宾塞

---

① 严复译：《群学肄言》第Ⅶ页。
② 同上书第Ⅶ页。
③ 同上书第Ⅶ页。
④ 《毛泽东选集》第4卷，人民出版社1960年版第1475页。
⑤ 同上书第1474页。

在《社会学研究》结论中的一段话概括为"通群学则可以息新旧两家之争"①。这表明他在斯宾塞的社会学中发现了调和当时中国新旧两派的折中办法。在他看来,用"天演之说"的进化论思想来研究社会,将会消除过激观点,达到"中庸之道"("用天演之说以言群者,将所以除愤解嚣,而使出于中庸之道而已"②)。因为政治制度和宗教制度的新旧,都是天演过程中出现的,社会学不过是把这二者兼收并蓄罢了("政制之主于君民,宗教之标夫新旧,自吾学以观之,要皆天演之一时已耳。群学者兼谋新率旧而并存之者也"③)。严复既然主张"万物天演之道,皆以为变不骤"④的自然进化思想,主张"积微成著"⑤的一点一滴的改良,就必然要反对"骤变而速化"⑥的社会革命。这就不难理解,为什么严复说:"呜呼!观于此,而知吾国变法当以徐而不可骤也。"⑦ 严复的这种立场,到1905年在伦敦遇到孙中山时就表现得更加明显。他对孙中山说:"以中国民品之劣,民智之卑,即有改革,害之除于甲者将见之于乙,泯于丙者将发之于丁。为今之计,惟急从教育上着手,庶几逐渐更新乎?"⑧ 这种"教育救国论"明显是以渐变改良为基础,而与孙中山的革命立场相对立的。

我们认为,对待严复,必须如实看到上述两个方面,否则不可能作出中肯的评价。严复的这两个方面给后来受西方影响的学院派社会学以很大影响,我们从后来的学院派社会学家身上可以看到,他们都多多少少地打上了这种两重性的烙印。

---

① 严复译:《群学肆言》第311页注。
② 同上书第312页。
③ 同上书第311页。
④ 同上书第308页。
⑤ 同上书第313页。
⑥ 同上。
⑦ 同上书第50页注。
⑧ 《近代中国史料丛刊续辑》,海文出版社1975年版第74—75页。

第二，旧中国受西方影响的社会学，注重社会学中国化，并为此作出了贡献。

西方社会学是上世纪和本世纪之交由维新知识分子通过译述西文著作和日文著作传入中国的。接着美国教会学校通过开设社会学课程（1908年上海圣约翰大学首先开设），通过设立社会学系（1913年上海浸礼学院，即后来的沪江大学首先设立），把社会学专业移植到中国来。这样的社会学不能不具有强烈的外国特点：教材是美国的，用英文写成；教授是美国人，用英语讲课；例子是外国的，与中国国情相去甚远，甚至格格不入。那时的社会调查，大多数也是外国人搞的。这样不可避免地就把社会学中国化问题突出出来了。

在社会学中国化的爱国主义事业中，留日回来的康宝忠教授是在中国大学里系统讲授社会学课程的第一位本国学者。他在北京大学1916年开设的社会学班上讲授社会学，用的是自编的教材。日后成为著名社会学家的孙本文曾以文科哲学门学生的身分受业于康先生达两年之久。孙本文在后来出版的《当代中国社会学》一书中，还对康先生的讲义和讲课发表了评论："所编社会学讲义，文笔典雅，涵义湛深"；"所授课程，讲解详明透彻，深得学生信仰"[①]。最早由中国社会学家写就的研究中国社会的社会学专著也在此时出版。著名的有陶孟和、梁宇皋合著的《中国乡村与城市生活》（1915年）和陈长蘅的《中国人口论》（1918年）。

到20年代，社会学中国化取得了较大进展。这表现在：A. 中国人办的大学中也纷纷开出社会学课程、设立社会学系，其中有厦门大学的历史社会学系（1921年），大夏大学、暨南大学、复旦大学、国立中央大学的社会学系等。B. 在外国人办的学校里，如燕京大学，从1924年起先后聘

[①] 参见许妙发：《康宝忠——第一个讲授社会学的中国人》，载《社会》1983年第3期。

请中国学者许仕廉、陶孟和、李景汉、朱积中等人来社会学系任教，打破了燕京大学只有外国教师的局面。许仕廉并在1926年任燕大社会学系主任，历时八年；他还主编了《社会学界》第一卷、《社会学杂志》第二卷。①

从30年代起到解放，社会学中国化得到了长足的进步，获得了巨大的成果。②

从社会学的机构和人员来看。首先是社会学系增多：到1934年，在全国国立、省立和私立41所大学中，已有17所设社会学系；到1938年，在49所大学中有21所有社会学系，另有七所院校虽无社会学系，但开设了社会学课。其次是教师中国化：到1938年全国119名社会学讲师以上教师中，除五名外国人外，全是中国人。再次是有了中国自己的社会学学术团体："中国社会学社"在1930年成立，它是在1928年成立的"东南社会学会"的基础上成立的。中国社会学社从成立到1948年，共开过九次年会，出版了六卷正式刊物《社会学刊》。中国社会学社的核心人物是孙本文。1948年他在《二十年来之中国社会学社》中曾把社会学中国化作为学社的宗旨："进一步发展中国社会学，为民族作出贡献，并在国际社会学界取得一席地位。"

从社会学学科看。首先，不同学派的社会学研究者都认为社会学理论必须根据中国的现实加以检验。这方面吴文藻的观点很有代表性，他相信使社会学在中国生根的唯一途径是开展由科学假设引导的实地调查，以便使理论与事实相合，而事实反过来促进理论。其次，对中国社会进行直接的实地调查和研究，涌现出大量的第一手材料。李景汉的《定县社会概况

---

① 参见傅傣冬：《燕京大学社会学系三十年》，载《社会学研究与应用》北京市社会科学研究所社会学研究室编。

② 参见黄绍伦：《当代中国的社会学和社会主义》第一章1979年英文版，浙江人民出版社1981年版《社会学文选》刊登有该章的中译文，可以参照。

调查》（1933年），就是这类调查中首次以县为单位的系统的实地调查。其他著名的还有费孝通的《江村经济》等。再次，出版了大批中国人自己写的社会学论著。其中以孙本文最为著名，他留下了20多部社会学著作。他写的《社会学原理》一书被采纳为大学标准教材，在1949年前印行了11版。总之，这20年，社会学中国化确实突飞猛进，成果累累。香港学者黄绍伦称："本世纪50年，中国是生气勃勃的社会学活动的中心。"① 英国的莫利斯·弗里德曼也指出："可以断言，第二次世界大战前，除了北美和西欧，至少就其思想质量而言，中国是世界上最繁荣的社会学所在地。"②

社会学中国化，是大多数受西方影响的社会学家的爱国主义的特殊表现。经过几十年的努力，特别是最后20年的努力，确实在国际社会学界取得了一席地位；在这个意义上也确实在学术上"为民族作出了贡献"。这种社会学中国化以及其中贯彻的爱国主义精神和传统，是今天必须加以肯定的。当然，也应当注意，上述社会学中国化基本上是学院社会学的中国化，它与马克思主义派所进行的将马克思主义普遍真理与中国革命具体实践相结合的中国化，是有原则区别的。

第三，旧中国受西方影响的学院派社会学是与马克思主义派社会学对立的。而且由于五四运动和中国共产党成立后中国社会复杂尖锐的阶级斗争，这种对立与西方社会中的情况相比，采取了更为尖锐的形式。

1917年俄国十月革命后，马克思主义在中国广泛传播，以唯物史观为指导、主张社会革命的马克思主义派的影响迅速扩大。这就不能不跟以唯心史观为指导、主张社会改良的学院派社会学发生冲突。以改良主义者胡适和共产主义者李大钊为代表展开的"问题与主义"之争，是这种冲突

---

① 黄绍伦：《当代中国的社会学和社会主义》1979年英文版第Ⅴ页。
② 莫·弗里德曼：《中国的以及关于中国的社会学》，载《英国社会学杂志》第13卷1962年。

的先声。它后来对两派社会学都产生了深远影响。

学院派社会学与马克思主义派社会学的对立，首先表现在社会学理论上：学院派社会学家力图划清社会学与社会主义和唯物史观的界限。这一点在 20、30、40 年代都不乏其人。20 年代，燕京大学社会学教授许仕廉，在他当该系主任前一年，即 1925 年写文章指责有人把社会学跟社会主义混淆起来："某国立大学的社会学教授，自命社会学大家，人家也很敬仰他。他（讲授）一年级社会学入门，科内所讲的尽是马克思、克鲁泡特金等的学说，简直的当作社会主义。幸喜我国长官很不管事，不然把所有的社会学家当作社会革命家，我们要进监狱了。"① 这表明当时讲社会学是合法的，即当局允许的，讲社会主义是不合法的。马克思主义派以社会学的名义讲社会主义，岂不要连累社会学家坐牢？许仕廉因此愤慨地表明要与主张社会革命的社会主义划清界限。30 年代，卜愈之更明确地谈到了社会学与社会主义的区别。他在一本 1931 年出版的书中写道："不留心科学的人，多半不知道社会学和社会主义的区别，这是因为抱社会主义的人，认为他们的主义是一种科学的原故，其实这种主义，不过是他们本党的规画罢了。他们的宗旨，是使'生产'的方法中废止私有的财产；换言之，就是要把现在的社会推翻。抱这种主义的人，称他们的学说是科学的。其实他们的学说，或许是根据科学而生，但绝不能称之为科学。社会学乃是一种科学，它是要研究社会的组织和变化上根本的状况，以明白社会的现状去推求真理的。并不是要把现在的社会推翻"，所以社会学和社会主义是绝无关系的。② 这一段话确实从资产阶级立场道出了两种社会学的根本区别：马克思主义派社会学"是要把现在的社会推翻"，即推翻以生产资料私有制为基础的剥削社会；而学院派社会学则是要维持"社会的

---

① 《社会学杂志》第二卷第四号 1925 年 4 月。
② 参见卜愈之：《社会学及社会问题》，世界书局 1931 年版第 28 页。

现状"或"现在的社会",并不"固执成见地"去推翻它。用我们的话来说,前者就是马克思主义社会学的革命批判性形态的要旨,后者就是维护型的社会学的主要特点。如前所说,这二者是根本对立的关系,而不是什么"绝无关系"。孙本文在 1935 年出版的《社会学原理》中,更加系统地,也更有理论色彩地论证了社会学与社会主义和唯物史观的区别,批判了把它们混淆起来的两种倾向。他在批判第一种倾向"误以社会学与社会主义相混"时说:"我国坊间所出社会学书籍,不但往往外标社会学之名,内传社会主义之实;且有命名为社会主义的社会学者。夫社会学是一种科学,社会主义是一种主张,二者各有领域,不容相混。我人并不反对研究社会主义,我人反对误以社会主义为社会学,使社会学与社会主义混淆。"① 他在批判第二种倾向"误以社会学为唯物史观"时写道:"近时有人以为社会学所研究的学理,为一种史观,一种主观的见解。我人常常听到有所谓唯物史观的社会学等名称,夫社会学是科学,科学所研究的对象,是客观的现象。……要之,观点是观点,科学是科学,二者不容混为一谈。我人并不反对研究唯物史观,我人反对用唯物史观解释社会学,使社会学误为一种史观,一种主观的见解。"② 孙本文的书是旧大学标准教材,到 40 年代又多次重版,它宣扬的观点影响最大,也最有代表性。学院派社会学家之所以要划清社会学跟社会主义和唯物史观的界限,从上面他们所说的话中可以看出,大致有下列几方面原因:A. 学院派社会学是一种维持"现在的社会"的维护型社会学,不可避免地要对以唯物史观为指导、主张社会革命的马克思主义派社会学作出反应。B. 学院派社会学家对社会主义和唯物史观怀有资产阶级的偏见,因而把社会主义和唯物史观曲解为"主观的见解"、"主张"和"有色眼镜"。他们不懂得唯物史观

---

① 孙本文:《社会学原理》1935 年版第 631 页。
② 同上书第 631-632 页。

是以客观的人类社会发展的一般规律为对象的，只有以它为基础，真正科学的社会学才有可能；他们也不懂得由于唯物史观和剩余价值规律的发现，社会主义已从空想变成了科学。C. 最直接的原因是他们害怕军阀政府、国民党政府的镇压，与社会主义和唯物史观划清界限可以避免牵连自身。

学院派社会学与马克思主义派社会学的对立，还表现在如何解决当时中国面临的迫切的社会问题上。这一点以 30 年代乡村建设的改良主义运动最为突出。这一运动有的是由学院派社会学直接搞的，例如燕京大学社会学系为了试验乡村建设的办法和组织学生实习，在 1930 年建立了清河实验区。其他大多是由学院派社会学家参加的。在乡村建设运动中最著名的是晏阳初先生在河北设立的中华平民教育促进会定县实验县（李景汉先生被聘为调查部主任）和梁漱溟先生在山东设立的乡村建设研究院邹平实验县。不过，应当注意这二者对共产党的态度、对国民党的依赖程度都是有区别的。大体说来，这些改良主义运动的共同点在于：A. 它们对中国社会病态的根源的认识都停留在表面的、次要的东西上，因此它们提出的解决办法也就只能是治标而不能治本。例如，晏阳初先生认为中国社会的病根是绝大多数农民的"愚"、"穷"、"弱"、"私"，这就是停留在表面现象上。针对这四种病，他提出要进行四大教育："文艺教育"救农民的愚；"生计教育"救农民的穷；"卫生教育"救农民的弱；"公民教育"救农民的私。这种不触动愚、穷、弱、私的根本原因的教育救国论当然是行不通的。例如，梁漱溟先生把中国的社会问题归结为政治问题，把中国的失败归结为文化的失败："中国之失败，就在其社会散漫、消极、和平、无力。"[①] 这就是停留在次要的东西上。解决的办法就是实地从事乡村建设运动，即一种乡村自治自救运动、社会文化运动。在他看来，地方自治健

---

① 梁漱溟：《乡村建设理论》，1939 年版第 50 页。

全了，新的社会组织也就建成了，新的国家也就慢慢形成了。这种办法也不能不是一种幻想。B. 它们都是在国民党当局允许支持下进行的。例如，晏阳初先生在河北定县搞实验县，不仅有河北省政府的支持，而且还得到蒋介石的支持；梁漱溟先生在山东邹平搞实验县则得到山东军阀韩复榘的支持。因此他们的运动是国民党允许范围内、不触动其根本利益的改良，是间接甚至直接有利于国民党的统治的。梁漱溟先生自己也意识到这是"高谈社会改造而依附政权"[①]，并把它作为乡村建设运动碰到的两个难处中的首要难处。这种所谓"社会改造"当然也只能治标，根本谈不上治本。C. 它们是脱离群众的，得不到群众支持的。因为它们没有为农民的根本利益而斗争，没有想解决农民最关心的土地问题。梁漱溟先生谈到的乡村建设的第二个难处就是"号称乡村运动而乡村不动"[②]。梁漱溟先生承认，无论定县，还是邹平，情况都是如此。他说："我们试以乡村工作的几个重要的地方说：头一个定县平教会，在定县人并不欢迎。本来最理想的乡村运动，是乡下人动，我们帮他呐喊。退一步说，也应当是他想动，而我们领着他动。现在完全不是这样。现在是我们动，他们不动；他们不惟不动，甚至因为我们动，反来和我们闹得很不合适，几乎让我们作不下去。此足见我们未能代表乡村的要求！我们自以为我们的工作和乡村有好处，然而乡村并不欢迎；至少是彼此两回事，没有打成一片。即如我们邹平，假定提出这么一个问题，来征求乡下人的意见——乡村建设研究院要搬家了，你们愿意不愿意？投票的结果如何，我亦不敢担保。……这个就足见你运动你的，与他无关，他并没动。此种现象，可以反证出我们是未能与乡村打成一片"[③]。这就是说，梁漱溟先生自己也不得不承认失

[①] 梁漱溟：《乡村建设理论》，1939年版附录第1页。
[②] 同上。
[③] 同上书第3页。

败。这种乡村建设运动是跟中国共产党在根据地实行的土地革命政策——打豪绅、分土地对立的。这一点梁漱溟先生自己说得很明确:"要想消除共产党的农民运动,必须另有一种农民运动起来替代才可以。"① 而这一运动中学院派社会学家所进行的农村调查,总的说来,又是跟马克思主义派的以阶级分析为指导的农村调查对立的。有少数人即使认识到土地所有制问题是农村问题的中心,在改良主义团体中也不能推行,甚至不敢发表。李景汉先生在《定县土地调查》结论中说了一段颇为激进的话:"总之,我们不能不承认土地问题是农村问题的重心;而土地制度即生产关系,又是土地问题的重心;其次才是生产技术及其他种种问题。若不在土地私有制度上想解决的办法,则一切其他的努力终归无效;即或有效,也是很微的一时的治标。一个政府是不是一个革命的政府,一个政党是不是一个革命的政党,和一个人是不是革命的人,很可以从其对于土地制度的主张来决定。"② 但这已是1936年,即在他离开了平教会定县实验区之后。李景汉先生曾跟我们说到:只有在离开定县实验区之后,他才能发表这样的言论。从这里,我们也可受到启发:在改良主义团体工作的人不一定个个都是改良主义者,对此也要作具体分析。

从上面三个主要特点可以看到,旧中国受西方影响的学院派社会学确实有两重性,必须对它采取实事求是的、具体分析的、历史的态度,而不能全盘否定或全盘肯定。

至于受西方影响的社会学家,绝大多数都是很爱国的,很多人参加了解放前夕的反蒋民主运动,解放后又注意改造思想,学习马克思主义,对自己过去的理论观点有了程度不同的认识。更可贵的是许多社会学家在经历了种种曲折之后,现在还在为重建社会学、创立具有中国特色的社会主

---

① 梁漱溟:《乡村建设理论》,1939年版第280页。
② 李景汉:《定县土地调查》,载清华大学《社会科学》第一卷第2、3期(1936年4月)。

义社会学而努力。在这方面,费孝通教授是个代表。对于如何看待旧中国的社会学和老社会学家,费教授在1980年曾这样写道:"对于半殖民地半封建的社会学,全盘加以否定,实际上是不符合毛主席关于中国社会各阶级的分析,因为正如中国资产阶级有两面性一样,中国解放前资产阶级社会学者也具有两面性。他们当时所做的社会学研究,有落后、反动的一面,也多少有反帝反封建的一面,即进步的一面。对他们一概否定,恐怕是缺乏分析态度的,即使旧中国所有的社会学一无是处,都是些毒草,这也不应当作为把社会学这门学科连根拔掉的理由。恰恰相反,因为过去有人用了不正确的立场、观点、方法来研究中国社会,得出了有害于人民的论点,我们就更有必要用正确的立场、观点、方法来研究中国社会,建设一门有利于社会主义建设的社会学。不应当因噎废食,倒浴盆里的脏水连孩子一起抛掉。"[①]

2. 旧中国马克思主义派的革命批判性社会学的特点

与主张社会改良的旧中国学院派社会学家不同,马克思主义派主张彻底改造中国社会,主张社会革命,他们实际坚持的正是一种革命批判性形态的社会学。这种社会学,在旧中国的特殊环境中,大体说来,有以下几个主要特点:

第一,坚持以唯物史观和社会革命为内容的社会学理论,在社会学的名义下宣传唯物史观和科学社会主义。

中国马克思主义的社会学传统,是从俄国1917年十月革命后,中国一批激进的彻底的民主主义者转变为马克思主义者开始的。到1919年五

---

① 费孝通:《为社会学再说几句话》,载《社会学文选》,浙江人民出版社1981年版第30页。

四运动，马克思主义者与改良的、不彻底的民主主义者，在"问题与主义"之争中，正式宣告了分道扬镳。

李大钊在宣传社会革命、批判社会改良的同时，以唯物史观为指导，研究了当时中国的许多社会问题，诸如人口、劳动、农民、妇女等问题，写过一系列专文，如《战争与人口问题》、《劳动问题的祸源》、《土地与农民》、《战后之妇人问题》、《唐山煤矿的工人生活》等。不仅如此，他还论述了唯物史观对社会学的"绝大贡献"。他说："唯物史观的要领，在认经济的构造对于其他社会学上的现象是最重要的"①，"社会学得到这样一个重要法则，使研究斯学的人有所依据；俾得循此以考察复杂变动的社会现象，而易得比较真实的效果。这是唯物史观对于社会学上的绝大贡献，全与对于史学上的贡献一样伟大"②。李大钊还论述了社会主义和社会学的关系，对二者之区别和联系作了说明："有人误解社会主义为社会学，不知社会主义是改造社会的一种法则，促进社会改良的制度。社会学是一种科学，研究社会上各种现象及其原则与一切社会制度的学问，且用科学的方法，考察社会是何物，发明一种法则，以支配人间的行动。所以社会主义是社会学中应当研究的一部分，并非社会主义即社会学。"③ 当时主编《新青年》杂志的陈独秀，也用马克思主义的观点写了不少关于中国社会问题的文章，如《马尔塞斯人口论与中国人口问题》、《劳工问题》、《中国农民问题》》等。

在由激进的民主主义者转化而来的马克思主义者中，瞿秋白可以说是正式以社会学的名义占领中国大学社会学阵地的第一个人。他 1923 年从

---

① 李大钊：《唯物史观在现代社会学上的价值》(1920 年)，载《李大钊史学论集》，河北人民出版社 1984 年版第 152 页。
② 同上书第 154 页。
③ 李大钊：《社会主义与社会运动》(1920 年)，载《李大钊文集》(下集)，人民出版社 1984 年版第 373—374 页。

苏联回国后，主持上海大学社会学系。他讲授"现代社会学"和"社会哲学概论"，把社会学定义为"研究人类社会一切现象，并研究社会形式的变迁，各种社会现象的相互变迁的公律的科学"[①]。后来，他在讲授"社会科学概论"时，更全面地论述了社会政治、经济、法律、道德、风俗等问题及其相互关系，论述了生产力和生产关系、经济基础和上层建筑的关系。这样就开始了马克思主义者在旧中国大学中，用社会学的名义宣传唯物史观和科学社会主义这一颇具中国特色的特殊做法。之所以这样，最主要是反动当局的白色恐怖，公开宣传社会革命是不合法的，是要坐牢甚至杀头的。这是对待反动派镇压的一种策略和手段。同时，这也在一定程度上反映出，那时对社会学与唯物史观和科学社会主义的关系还不是很清楚的。

在社会学的名义下宣传唯物史观和科学社会主义主要是通过翻译和著述来进行的，许德珩和李达是这方面的代表。许德珩是五四运动的学生领袖，在北大哲学系毕业后曾留学巴黎和伦敦。开始时他倾向法国社会学家迪尔克姆的观点，把后者的著作《社会学方法论》译成了中文，并于1925年出版。20年代中期回国后，在广州、上海、北京的一些大学任教。当他成为马克思主义者之后，他翻译了马克思的《哲学的贫困》一书。李达，是中国共产党创始人之一，曾留学东京帝国大学。1920年回国后，做过记者工作，后任上海暨南大学社会学系主任。他写的《社会学大纲》（1935年），最明显地表现了在社会学名义下宣传唯物史观和科学社会主义的特点。

在20年代到30年代，就翻译和著述相比，翻译是主要的。当时翻译出版的经典著作有：马克思的《资本论》、《政治经济学批判》、《路易·波

---

① 瞿秋白：《社会科学讲义》，上海书店1924年版。

拿巴的雾月十八日》等，恩格斯的《反杜林论》、《路德维希·费尔巴哈和德国古典哲学的终结》、《家庭、私有制和国家的起源》、《德国农民战争》等，列宁的《国家与革命》、《俄国资本主义的发展》、《唯物主义和经验批判主义》、《无产阶级革命和叛徒考茨基》等。这样，通过著述和翻译，马克思主义派社会学在大学中也形成了一股与学院派社会学相抗衡的力量。

上面已经看到，马克思主义派在社会学名义下宣传唯物史观和科学社会主义的做法，遭到了学院派社会学家的指责。

第二，坚持以阶级分析为指导的社会调查。

应当着重指出的是，在旧中国，与爱国的知识分子利用西方社会学的方法进行社会调查差不多同时，接受马克思主义观点的知识分子为了革命地改造半殖民地半封建的中国，把具体调查技术同矛盾分析法、阶级分析法结合起来，做了大量的调查研究工作，并形成了"没有调查就没有发言权"的传统。这种以阶级分析法为指导的社会调查，主要表现在这样几个方面：A. 以毛泽东同志为代表的我党老一辈革命家，在领导新民主主义革命的过程中，作了许多周密细致的社会调查，给予中国社会的根本问题以深刻透彻的分析，极大地促进了马克思主义的普遍真理与中国革命的具体实践相结合的进程。《毛泽东农村调查文集》收录的 1926 年至 1941 年的 17 篇著作，集中反映了毛泽东同志在第二次国内革命战争时期和抗日战争时期调查研究的实践和理论。毫无疑问，这是对中国社会学不可磨灭的贡献，是我们建立具有中国特色的马克思主义社会学的宝贵遗产。由于当时斗争环境的险恶，毛泽东同志早年的一些调查，如 1927 年在湖南长沙、湘潭、湘乡、衡水、醴陵等五县实地调查的材料，1928 年在永新、宁冈两县的调查材料，均已丢失，其他材料也不可能有在全国公开出版的条件，当然更不能在国外传播，其中有些材料只是到 1941 年才在延安出版，主要在根据地内流传，有些则直至1982年底才第一次出版。这说明了这一类调查在很长时间内不为人所知的原因。B. 30年代前后我党地下党员陈翰笙在白区进行的大规模的系统调查。他利用在中央研究院的合法身分，领导一批进步青年，对北至黑龙江，南至广东，东至江苏、山东，西至安徽、河南的广大地区的农村进行了调查。有关调查报告主要有：《亩的差异》（1929年）、《黑龙江流域的农民与地主》（1929年）、《广东农村生产力和生产关系》（1934年）、《工业资本和中国农民》（1940年在纽约用英文出版）等。这些调查，对中国农村的阶级作了细致的分析，有力地论证了中国社会的半殖民地半封建性质，配合了根据地内的土地革命。这些调查，也尖锐地批判了资产阶级社会学家掩盖中国农村阶级矛盾的做法。1933年陈翰笙还领导成立了"中国农村经济研究会"，并出版由薛暮桥任实际主编的《中国农村》月刊，同包括改良主义在内的形形色色的错误思潮进行斗争。C. 40年代根据地内的调查研究。1941年，党中央作出了《中共中央关于调查研究的决定》。根据这一《决定》，干部和理论工作者深入农村进行调查研究。米脂县杨家沟的调查，绥德、米脂两县的调查，就是其中著名的调查报告。前一报告由张闻天领导，马洪、刘英和许大远等参加；后一报告是由西北局第四局所属的边区问题研究室的同志撰写，由柴树藩、于光远和彭平整理出版。这两个报告着重调查农村的阶级关系、剥削关系以及这些关系在土地革命中的变化，为正确制订党的农村政策提供根据。

第三，以马克思主义普遍真理和中国革命具体实践相结合为特征的中国化。

以毛泽东同志为代表的我党老一辈革命家，十分重视马克思主义中国化的问题。毛泽东说："马克思主义必须和我国的具体特点相结合并通过一定的民族形式才能实现。马克思列宁主义的伟大力量，就在于它是和各个国家具体的革命实践相联系的。"① 因此，毛泽东指出："洋八股必须废止，空洞抽象的调头必须少唱，教条主义必须休息，而代之以新鲜活泼的、为中国老百姓所喜闻乐见的中国作风和中国气派。"② 这种马克思主义的中国化，是通过调查研究，通过有的放矢地应用马克思主义的立场、观点、方法来解决中国问题实现的。这种结合的最大成果，就是作为集体智慧结晶的毛泽东思想。

马克思主义的革命批判性形态的社会学，正因为有上述这些基本特点，才能够在制定新民主主义革命的路线、方针、策略中起到应有的作用，为中国革命的胜利作出自己应有的贡献。

3. 旧中国两大分支社会学在新中国的"转型"问题

现在看来，随着1949年中华人民共和国的成立，旧中国两个对立的社会学传统都面临不同的转型的问题。对受西方影响的学院派社会学来说，要从维护旧社会转变为维护新社会；对马克思主义派社会学来说，要从主要推翻旧社会转到维护新社会，即从革命批判性形态转到维护建设性形态。如果这两个转型问题解决得好，社会学本来会在新中国得到迅速、健康的发展。但不幸的是，这两个不同的转型，从结果来看都没有解决好。

由于认识不足，由于受苏联对社会学做法的一些影响，也由于历史的原因，我国马克思主义者在新中国成立后，没有明确提出从革命批判性形态转到维护建设性形态的任务，没有提出建立社会主义社会学的目标。相反，却把社会学跟资产阶级伪科学联系在一起，认为有历史唯物主义就够

---

① 《毛泽东选集》第2卷，人民出版社1952年版第522页。
② 同上书第522-523页。

了。这样就既不明确自己有转型的必要，又否认学院派社会学者有转型的可能。

（1）中国马克思主义社会学从革命批判性形态转变为维护建设性形态的必要性

我们已经知道，中国马克思主义者在解放前事实上坚持的是一种革命批判性形态的社会学。这种社会学按照历史唯物主义和科学社会主义的观点，主要论证革命的必要性，并探索革命的道路，而与种种认为无需经过革命，就能解决中国各种社会问题的改良主义作斗争。

随着无产阶级领导的新民主主义革命的胜利，形势发生了根本变化。早在1949年，毛泽东同志就已指出："我们不但善于破坏一个旧世界，我们还将善于建设一个新世界。"① 这就是说，我们面临的任务已不再是进行社会制度的革命了，主要任务已从破坏旧世界转到建设新社会。特别是1956年以后，情况更是这样。与此相适应，马克思主义社会学主要已不再是为了推翻半殖民地半封建的旧社会而揭露它的恶性运行和畸形发展，而是为了建设社会主义的新社会而推进，维护它的良性运行和协调发展，消除妨碍社会良性运行的因素。

社会主义制度的建立，为中国社会的顺利发展奠定了可靠的基础，提供了解决各种社会问题的前提条件。但这绝不是说社会主义社会会自发地、自动地实现良性运行和协调发展，也不是说，社会主义社会不会存在或发生不协调的因素和社会障碍的现象了。这是因为：一方面，旧社会遗留给我们以种种社会祸害，直到今天，我们还面对由封建影响而引起的形形色色的社会问题；另一方面，在社会主义社会也会不断产生新的社会问题。要解决这些问题，还需要我们作出长期的艰苦努力。

---

① 《毛泽东选集》第4卷第1440页。

过去在胡适和李大钊之间进行的"问题"和"主义"之争,马克思主义者当然不赞成胡适"多谈些问题,少谈些主义"的主张,因为不铲除作为旧社会种种社会问题根源的半殖民地半封建的制度,不彻底改造旧社会,这些社会问题是解决不了的。当无产阶级取得政权,建立起社会主义制度后,情况就不同了。我们确实应该多谈些问题,主义也要谈,但必须结合问题来谈,而不能空谈主义,不这样就不能消除妨碍社会良性运行的因素,就不能推进和维护我国社会的协调发展。这就象在旧社会我们要"无法无天",在新社会就要有法有天一样。对这一点,现在越来越看得清楚了,其间的道理并不太复杂:旧社会的法律是为反动统治阶级服务的,我们要革命,就不能照他们那个法办事,就得要"无法无天"。今天,我们已经取得了全国政权,人民已经当家作了主人,就要有法有天了,就要不仅依靠党的政策办事,还要依照法律办事。现在,再"无法无天",我们就要象"文化大革命"中那样吃尽苦头。多年来由于我们忽视这个转变,仍然"以阶级斗争为纲",以革命批判的态度对待我们自己建立起来的新社会,而不是维护、建设、改善它,这就不能不导致"穷折腾、折腾穷"这样的恶性循环。这是多么痛心的教训!现在看来,我们认识马克思主义社会学的转型的必要性,实在过迟了。

(2) 中国受西方影响的学院派社会学从维护旧社会转到维护新社会的可能性

我们已经知道,旧中国受西方影响的社会学实质上是一种维护旧社会的社会学,这就是在保持原有社会制度的前提下,来解决旧中国种种社会问题,来考虑中国如何发展。这种社会学之所以有可能转变为维护新社会是因为,绝大多数中国社会学家是爱国的,同时,他们所持的治标不治本的改良主义观点,主要是由于他们所受的教育和社会地位的限制,而不是存心要去维护那个旧的腐败的社会制度,至少不是每个人都是如此。到了抗日民族统一战线和民主运动时期，不少社会学家与马克思主义者建立了友谊。正因为如此，1949年中华人民共和国成立时，各大院校的社会学家基本上留了下来，从解放后大约三年时间的活动看，这些来自旧中国的社会学家，是愿意接受党的领导，改造思想，愿意转到为社会主义服务的轨道上来，愿意用马克思主义观点来逐步清除受西方影响的社会学中的资产阶级观点的。所有这些说明，旧中国受西方影响的社会学从维护旧社会转到维护新社会是可能的。但是这种转型的过程，却被人为地停止了。在1952年的院系调整中，社会学系被取消，社会学专业的教师被分配到其他学科工作，被迫改行或半改行。

上述两个转型没有解决好，除了历史的原因（两种社会学在旧中国的对立）、认识的原因（有历史唯物论就够了）、外来的影响（苏联的做法）之外，还有理论上的原因，即不明确社会学是以社会的良性运行和协调发展的条件和机制为自己的对象的，因此说不清什么是社会学，说不清它在社会科学中的地位。这个教训，值得我们今天在重建社会学中认真汲取。

结论：为建立具有中国特色的马克思主义社会学而努力

我们现在要建立的是具有中国特色的马克思主义社会学，或者说，是具有中国特色的社会主义社会学。这种社会学，是马克思主义革命批判性形态社会学的合乎逻辑的继续，但又与它不同；这种社会学在指导思想等方面与苏联社会学是一致的，但在国情等方面与它不同，而且要避免它的不足；这种社会学与西方社会学以及受西方影响的旧中国社会学有原则区别，但对它们采取历史的、分析的态度。这就是说，要建立具有中国特色的社会主义社会学，必须解决这种社会学与上述四种不同的社会学的联系和区别，任何照抄、照搬，任何片面性都是有害的。因此，在总的提法上，我们赞成费老的意见：要使我国社会学成为"一门以马列主义、毛泽东思想为指导，密切结合中国的实际，为社会主义建设服务的社会学。这是在本质上有别于中国旧时代的社会学和西方各国的社会学的"[①]。换言之，"我国的社会学必须是反映具有社会主义性质和中华民族特点的中国

[①] 费孝通：《社会学的探索》，天津人民出版社1984年版第3页。

社会的社会学。它的内容既不可能是中国解放前的社会学的简单恢复,也不可能是任何外国社会学的直接引进,我们虽要批判地继承所有过去社会学的成果和批判地吸收西方社会学的成果,但必须以立足于当前中国社会实际为主,通过实践的考验逐步发展我国自己的社会学"①。

我们认为,具有中国特色的社会主义社会学,概括地说,至少必须具备这样一些特点:

第一,它以我国社会主义良性运行和协调发展的条件和机制为对象。这一点决定着社会学本身的框架,决定着社会学与哲学科学、与其他综合性学科、与其他单科性学科的区别。

第二,它以辩证唯物主义和历史唯物主义为理论基础和指导思想,这一点决定着马克思主义社会学与形形色色非马克思主义社会学的根本区别。

第三,它以我国伟大的社会主义实践为立足点,为此,就要把调查研究作为社会学研究的基本功,从调查研究中获得有关我国国情的资料,也从调查研究中创造我国自己的社会学理论;另一方面又要尊重我国社会学发展的历史、不割断这个历史。它能不能具有中国特色,要由此来决定。

第四,它具有开放性。它参考苏联社会学的经验和教训,汲取其成果;它实事求是地、有分析有鉴别地汲取西方社会学中适合我国国情的精华的东西;它汲取现代科学发展的有关成果。

第五,它把理论和实践结合起来,既重视经验的研究,又重视理论的研究;既重视宏观的研究,又重视微观的研究;既重视定性的研究,又重视定量的研究。

这里,我国社会良性运行和协调发展的条件和机制是最关键的,抓住

---

① 费孝通:《社会学的探索》第5页。

它，有助于贯彻其他各条，抓住它，有了理论框架；也有利于我们进一步深入探讨具有中国特色的社会主义社会学的各个细节。

让我们脚踏实地，加快步伐，为建立具有中国特色的马克思主义社会学而努力！

1986年9月修改于北京

后　记

(一)

在这篇后记中，简略回顾一下上述观点的酝酿发表过程，也许不是多余的。

我从哲学转到社会学纯属意外。1981年，我本来预定去英国伦敦大学所属的大学学院哲学系进修分析哲学。后来，由于布里斯托尔大学邀请我以副研究员身分去该大学社会学系工作和进修，使我阴错阳差地搞起了社会学。1981年11月8日去英时，我有幸在飞机上坐在费孝通教授旁边，因为有关方面和家属委托我在路上照顾费老。一路上，费老谈了许多关于恢复和重建新中国社会学的想法，概括起来叫"五脏六腑"。五脏指培养人才、建立机构等五项措施，六腑指搞《社会学概论》等六本教材。与费老交谈是令人愉快的。接触社会学之后，给我深刻印象、并使我困惑不已的是，几乎每一个社会学家对什么是社会学都各持不同的说法，真是众说纷纭，而且几乎没有一个说法能够在理论上自圆其说，也没有一个说法能使社会学与其他社会科学划清界限。接触的社会学书籍越多，越感到社会学不仅理论上有困难，而且在实践方面、历史方面也都面临着困难。这种情况，借用库恩的话来说，就是社会学还没有形成自己的"范式"，还处在"前科学"阶段。也许因为我是搞哲学理论的，随着对社会学了解的增多，越来越不能容忍社会学对象问题的这种混乱不堪的情况，从那时起，我就下决心要在这个问题上理出一个头绪来。对社会学两大分支形成的历史的回顾，特别是对我国"文化大革命"陷入的社会恶性运行的反思以及对社会学历史地形成的内容的检讨，使我初步产生了社会学是搞社会良性运行和协调发展的想法。当我正要把上述想法写出来时，又意外地被中断了。

我的好友和同事罗国杰教授和杨彦钧副教授，1983年新任人民大学哲学系正、副主任。他们两位出于好意，连续写信跟我商量说，人民大学哲学系当务之急是现代西方哲学，而不是社会学；希望我抓紧在英的最后阶段搞现代西方哲学，等我回国后即成立相应的教研室。出于对他们好意的理解，也出于对他们工作的尊重，我放下了社会学，转到了现代西方哲学，重新开始买书、准备。这样，1984年初，我在回国后不久，即受命筹建哲学系现代外国哲学研究室，并准备暑期之后开课。但该年8月教育部批准成立人民大学社会学研究所，又使我在搞现代外国哲学的同时，不能不重新回到社会学。这样，就使我处于既搞社会学又兼搞现代外国哲学的奇特境地。这里我要怀着感谢的心情指出，人民大学社会学研究所之所以能够顺利成立，是与当时的副校长李震中教授、当时的科研处长现在的副教务长马绍孟副教授的努力分不开的。

在我1980年10月正式受命组建社会学研究所之后，立即开始系统阅读国内自1979年以来的社会学文献。这一工作，加强了我在英国形成的想法。于是写成讲稿，在1985年8月作为"社会学概论"课的绪论，首次给人民大学人口系学生讲了十个小时。并陆续写成文章，在报刊上发表。第一次正式发表在1985年7月29日的《光明日报》上，题为《论马克思主义社会学的两种形态》，接着又发表在 1985 年 8 月 30 日的《人民日报》（海外版）上，题为《树立社会的良性运行和协调发展的观点》。然后，我又从一个三万字的打印稿中，摘出一万多字，以《社会学对象问题新探》为题，发表在《社会学研究》1986 年创刊号上。这篇文章发表后，有幸得到中国社会科学院院长胡绳教授的好评和鼓励。

（二）

应当指出，在论证和完善上述看法的过程中，我在人民大学社会学研究所的同事沙莲香副教授和贾春增副教授，我的一些助手李强、高佳、胡鸿保、林克雷、李路路、张小军等同志，以及劳动人事学院的王文仲同志，都这样那样地作出了自己的贡献。所以本书能够形成现在这个样子，要感谢社会学研究所这些同志的共同努力。甚至可以说，没有这一学术群体的互相帮助、促进，就不会有本书的顺利出版。这里有必要说明这样几点：

（1）第一部分中"区分社会运行类型的主要原则及其应用"，是根据我和李强给《中国社会科学》合写的文章《试论区分社会运行类型的主要原则——对社会学基本理论的一点探讨》写成的；第三部分中"社会学与改革"，则是根据我和李强合写的另外两篇文章写成的，这两篇文章分别是《从社会学的角度看经济体制改革与社会变迁的几个问题》（《上海社会科学院学术季刊》1986 年第 2 期）、《改革与社会主义经济政治思想文化的协调发展》（《光明日报》1985 年 11 月 4 日）。

（2）第二部分第一节"贯通社会学历史地形成的内容的一根主线"，在论及社会学对象与其他社会学内容的关系时，沙莲香对"社会控制"、"偏离行为"，林克雷对"社会组织"和"社会流动"，高佳对"社会问题"，张小军对"社区"，李路路对"社会变迁"，贾春增对"社会学调查研究方法"，李强对"社会指标体系"，王文仲对"社会互动"分别提出了很好的建议。其中沙莲香副教授1982年至1984年曾留学日本，专攻社会心理学、大众传播理论，在这些领域形成了自己的看法，并对社会控制中的心理控制和舆论控制（软控制）有很好的见解。

（3）第二部分最后的"社会学中的系统哲学问题"，是根据我和张小军为在上海召开的"社会科学方法论讨论会"而合写的同名文章写成的。

（4）第四部分中"苏联社会学的特点和存在的问题"，是请贾春增写的。贾春增副教授1961年至1965年曾留学苏联，1982年至1985年又留学南斯拉夫，获社会学博士学位，他对苏联、东欧社会学有较深入的研究。

（5）胡鸿保同志对第二部分中"社会学与社会文化人类学的关系"以及第四部分中关于中国社会学史的内容，提出了很好的意见，并提供了有关资料。他现在是文化人类学的博士研究生。

说明以上情况，目的是对以上有关同志表示衷心感谢，而不是为了推卸责任。既然所有提到的内容，经过我的消化、加工，理所应当由我负责。这就是说，第一，如果有什么错误，与上述同志无关；第二，如果由于我对所提的建议、意见领悟不正确，上述同志在有关问题上也完全可以保留自己的意见。

本书的出版，也要感谢人民大学出版社副总编辑王颖同志多次促进和鼓励。

我曾应邀在不少地区和高校讲过关于社会学对象问题，听众曾就此提过一些有启发性的问题，并给予诸多鼓励。在此，我要对所有听众和一切关心本书的同志表示诚挚的谢意。

作者

1986年9月30日

于中国人民大学

图书在版编目（CIP）数据

社会学对象问题新探/郑杭生著. -- 北京：中国人民大学出版社，2025.4. --（中国自主知识体系研究文库）. -- ISBN 978-7-300-33814-9

Ⅰ.C91

中国国家版本馆CIP数据核字第2025LV8521号

中国自主知识体系研究文库
社会学对象问题新探
郑杭生　著
Shehuixue Duixiang Wenti Xintan

出版发行	中国人民大学出版社		
社　　址	北京中关村大街31号	邮政编码	100080
电　　话	010-62511242（总编室）	010-62511770（质管部）	
	010-82501766（邮购部）	010-62514148（门市部）	
	010-62511173（发行公司）	010-62515275（盗版举报）	
网　　址	http://www.crup.com.cn		
经　　销	新华书店		
印　　刷	涿州市星河印刷有限公司		
开　　本	720 mm×1000 mm　1/16	版　次	2025年4月第1版
印　　张	14 插页3	印　次	2025年7月第2次印刷
字　　数	175 000	定　价	98.00元

版权所有　　侵权必究　　印装差错　　负责调换